ELOGE

DE M. POTHIER,

DOYEN de MM. les Confeillers aux Bailliage & Siége Préfidial d'Orléans, Docteur-Régent & Profeffeur en Droit François de l'Univerfité de la même Ville.

Prononcé à la Rentrée d'après Páques du Bailliage de Romorantin, le 8 Mai 1772.

Par M. LECONTE DE BIÉVRE, Procureur du Roi.

A PARIS,

Chez SAILLANT & NYON, Libraires, rue St. Jean de Beauvais.

Et fe trouve à ORLÉANS,

Chez les Freres COURET DE VILLENEUVE, Libraires, rue des Minimes.

M. DCC. LXXII.

AVEC APPROBATION.

ÉLOGE

DE M. POTHIER.

MESSIEURS,

PERMETTEZ-MOI de suspendre
pour quelque tems cette Audience...

Un spectacle des plus tristes se pré-
sente sans cesse à mes yeux, me pé-
netre de douleur, & m'occupe tout
entier : je ne doute point que bientôt
vous n'y soyez aussi sensibles que moi.
Sous un voile lugubre qu'entr'ouvrent
d'un côté la Religion, & de l'autre la

A ij

Juftice, je vois une urne funebre fur laquelle s'appuie la Jurifprudence éplorée. La bafe qui foutient ce Monument eft chargée, ce me femble, de cette infcription.

I C I

Repofent les Cendres
De M. ROBERT-JOSEPH POTHIER,
Jurifconfulte profond,
Magiftrat integre,
Philofophe Chrétien.

Souvent l'adulation a prodigué de pareils éloges à des Perfonnes qui ne méritoient gueres d'en être honorées; mais c'eft la vérité même qui a gravé celui - ci. J'entreprends de vous en convaincre pour la gloire de ce célebre Jurifconfulte que nous pleurons, pour votre confolation & pour la mienne.

PREMIERE PARTIE.

Quelquefois de Grands Hommes ont fait entrevoir dans leur enfance ces heureufes difpofitions & ces talens fupérieurs, qui devoient un jour les illuftrer : quelquefois auffi ces premieres faillies de l'efprit, ces facilités d'une tendre mémoire, & ces fleurs d'une jeune imagination, qui font fi féduifantes, n'ont pas amené avec l'âge ces fruits excellens qu'elles fembloient promettre.

M. POTHIER ne montra d'abord que ce qui a toujours fait le fond de fon caractere, ou plutôt le principe de fes vertus ; un naturel doux, un efprit tranquille, une humeur égale & filencieufe, une foumiffion entiere pour fes Maîtres, une complaifance continuelle pour fes Condifciples, une piété fincere, peu d'empreffement pour les plaifirs de fon âge, beaucoup d'application dans fes études, mais de la lenteur dans fes progrès.

Cet extérieur, qui n'étoit pas brillant, le faifoit confidérer par ceux qui ne l'examinoient pas de près comme un fujet excellent par les qualités du cœur, mais ordinaire par celles de l'efprit. Il auroit fallu être plus clair-voyant pour découvrir ce que la fuite du temps a fait voir à tout le monde; dans cet air férieux & gra-ve, une profondeur de jugement; dans cette lenteur, une continuité de réflexions, & un attachement obftiné pour l'étude; dans cette timidité, une réferve & une prudence confommées; dans cette douceur, une modeftie & une bienfaifance univerfelles; dans cette piété, une raifon faine & éclairée.

Ce fut dans fes études du Droit que fon génie éclata, que fes talens fe développerent comme dans l'élément qui lui convenoit, & dans lequel, pour ainfi dire, il avoit pris naiffance. Car fes Peres, de l'un & de l'autre côté, s'étoient diftingués dans le Barreau &

dans les Ecoles (*a*). En entrant dans l'Univerſité d'Orléans, il y trouva, en même-temps, de ces habiles Pro- feſſeurs dont elle a toujours été pour- vue, & de ces beaux exemples qui excitent d'autant plus une ame ſenſible, qu'ils lui appartiennent. Il entendit particuliérement les Leçons du célebre M. Prouſteau, qui, après avoir fait de ſon tréſor, je veux dire de ſa riche Bibliothéque, le plus digne uſage, la conſacra pour toujours à l'utilité pu- blique (*b*). Que nos jeunes Légiſtes viennent voir, ſur les Bancs, le jeune POTHIER, & qu'ils le conſiderent

---

(*a*) M. Pothier, dont on fait l'éloge, naquit à Orléans le 9 Janvier 1699, de M. Robert Pothier, Conſeiller au Préſidial d'Orléans, & de Dame Marie-Madelaine Jacquet, & eſt décédé le 2 Mars 1772.

(*b*) Il en fit don en 1614, aux PP. Bénédictins d'Orléans, qui la tiennent ouverte trois jours par ſemaine, les Lundi, Mercredi & Vendredi. C'eſt la plus conſidérable de cette Ville, & elle va le devenir davantage par le ſupplément qu'y a fait M. Pothier.

comme leur Condiſciple, pour apprendre par quels moyens il eſt parvenu
ſi glorieuſement à devenir leur Maître.
Une aſſiduité conſtante à toutes les
Leçons, une exactitude ſcrupuleuſe à
les écrire, une attention entiere à les
entendre & à les retenir, ſont des
devoirs qui feroient aſſez d'honneur
à un Candidat capable de les remplir;
mais qui ne paroiſſoient pas ſuffiſans
au nôtre, jaloux de ne mettre aux
ſiens d'autres bornes que celles de ſes
propres forces.

En ſon particulier, il employoit le
reſte de ſon temps à méditer ſur ce
qu'on lui avoit appris, à étudier les
Livres qui pouvoient lui en apprendre
davantage, à former des queſtions,
à chercher des ſolutions, à conſulter
ſes Profeſſeurs, auxquels ſeul il donnoit plus d'exercice que les autres
Ecoliers n'étoient diſpoſés à leur en
fournir. Un amour ſi vif pour ſon

inftruction, lui fit faire des progrès rapides, & lui mérita des Degrés avant que d'en avoir obtenu, tandis que tant d'autres en obtiennent fans les avoir mérités ; enfin, il fut docte avant que d'être Docteur. Il fut docte & il ne fe flatta point de l'être. Il ne confidéra les connoiffances qu'il avoit acquifes, que comme un moyen pour les étendre; il fe forma dans la retraite & dans le filence du cabinet, au mileu des meil-leurs Livres de Jurifprudence, dans fes liaifons avec le petit nombre de fes pareils, ce fond inépuifable de lumieres dont il a, par la fuite, éclairé toute la France.

Je fçais que dans le monde en gé-néral on regarde les Belles - Lettres comme la partie des Sciences qui a le plus d'agrément, & qui fait le plus d'honneur. Un Poëte, un Orateur & un Hiftorien, qui excellent dans leur genre, jouiffent d'une réputation plus

brillante que le profond Jurifconfulte,
ou le grand Magiftrat. Comme on
fuppofe qu'il leur en a coûté bien des
efforts pour fe mettre dans la tête cette
multitude de Loix, pour faifir ces
queftions de toutes efpeces, que les
rufes de l'intérêt & les fubtilités de
la chicane enveloppent fouvent des
ténebres les plus épaiffes; qu'une pareille étude doit donner, à ceux qui
s'y appliquent, quelque chofe de trifte
& de fauvage, on n'a pas plus de
difpofition à les admirer, que d'envie
de les fuivre. On fe perfuade même
que des connoiffances auffi abftraites
exigent des méditations trop férieufes
& trop profondes, qu'elles mettent
l'efprit dans la contention, qu'elles le
plongent dans la révêrie; enfin, qu'elles éteignent ce feu de l'imagination,
qui feul rend les Ouvrages brillans,
& leurs Auteurs agréables au Public.

Sans vouloir déprimer les autres

Sciences, qui ont chacune de grands avantages, & qui fervent la plupart à la perfection & à l'ornement de la Jurifprudence , j'ofe dire que cette derniere , fi elle a moins d'éclat , a plus d'utilité , & que par les fervices continuels qu'elle rend au genre humain, elle s'acquiert des droits inconteftables fur fon eftime & fa reconnoiffance.

En effet , la Jurifprudence nous apprend la maniere dont nous devons nous conduire envers Dieu & envers les hommes ; elle fixe notre difcernement fur les chofes qui font légitimes , & fur celles qui font injuftes ; (a) elle grave dans nos cœurs ces principes d'équité , fur lefquels nous devons établir toutes nos actions. Par la fa-

---

(a) *Jurifprudentia eft divinarum atque humanarum rerum Notitia , jufti atque injufti Scientia.* §. 1. Inft. de *Juftitiâ & Jure. Jus eft ars boni & æqui.* L. 1 ff. *Eodem.*

geffe des Loix qu'elle impofe , elle
contient les paffions, punit les crimes,
& anime les vertus ; elle établit les
droits , régle les conventions , affure
les propriétés , & maintient les poffef-
fions ; elle donne aux Campagnes leur
tranquillité , aux Villes leur police,
aux Etats leur confiftance , à toute
la Société fes douceurs.

Quelle obligation ne devons-nous
pas avoir à ces Génies fupérieurs ,
qui fortent du tourbillon du monde ,
pour débrouiller, dans le filence, le
cahos des Loix , pour lui donner une
forme conftante & réguliere ? Ne mé-
ritent-ils pas que nous gravions leurs
noms au Temple de Mémoire , à côté
de ceux des Légiflateurs , puifqu'en
quelque façon ils en ont acquis l'autorité , par l'excellence de leurs Ouvrages ? Les Romains qui , prefque
dans tous les genres, ont furpaffé les
autres Peuples de l'Antiquité, s'étoient

particuliérement attachés à la Jurifprudence, & avoient rendu la majefté
de leur Empire auffi redoutable par
la fageffe de leurs Loix, que par la
force de leurs armes. Les belles &
judicieufes décifions que leurs fçavans
Jurifconfultes avoient données fur les
différentes queftions du Droit, rem-
pliffoient plus de deux mille volumes.
On penfe bien qu'étant le fruit des
réflexions de diverfes Perfonnes qui
avoient prononcé fur des cas différens
à mefure qu'ils s'étoient préfentés, il
avoit fallu un nombre infini de faits
pour former des principes applicables
aux efpeces particulieres. On comprend
aifément que tant de piécés féparées
& faites par des Perfonnes, ou dans
des vues différentes, n'étoient pas réu-
nies dans l'ordre qu'elles auroient dû
avoir pour former un corps régulier.
Auffi Juftinien n'eut pas plutôt achevé
fon Code, c'eft-à-dire, la rédaction

de ſes Ordonnances, & de celles de ſes Prédéceſſeurs, qu'il entreprit la réunion de ces Fragmens, & qu'il eſtima aſſez les déciſions de ces anciens Juriſconſultes, pour leur donner force de Loi.

Mais cette compilation, qu'on nomme le Digeſte, ou les Pandectes, ne ſortit pas des mains auxquelles cet Empereur l'avoit confiée, avec cette perfection qu'il en eſpéroit, & qui ne devoit ſouffrir ni confuſion, ni contrariétés. Lorſque cet Ouvrage immenſe, diviſé en cinquante Livres, admirable malgré ſes défauts, le plus beau Monument que l'eſprit humain ait élevé à la Légiſlation, que l'on croyoit perdu depuis tant de ſiécles, fut retrouvé au commencement du douziéme, enſéveli dans la pouſſiere, (a)

_____

(a) En 1130, à la priſe d'*Almaſi* par l'Empereur Lothaire II, l'exemplaire du Digeſte qu'on trouva dans le Pillage de cette Ville d'Italie, il emporta le fuffrage des Légiflateurs, & il faifit l'attention des Jurifconfultes; ce fut prefque par-tout une noble émulation pour l'enfeigner & pour l'entendre.

Plufieurs mécontens de l'ordre dans lequel les matieres y font rédigées, en formerent, relativement à leurs idées, de nouveaux plans qu'ils croyoient plus réguliers; mais ces effais, qui fe bornoient, les uns à réunir enfemble tous les Fragmens difperfés d'un même Auteur, les autres à les placer, ces Fragmens, dans un ordre chronologique, étoient-ils bien fuffifans pour développer l'efprit des Jurifconfultes & de leurs décifions; étoient-ils d'un grand fecours pour l'intelligence des Loix? Vouloit-on refondre,

paroît avoir été tranfcrit, peu de temps après la mort de Juftinien, par un Copifte Grec à Conftantinople, ou à Bryte. *Anton. Auguftin. emendat. L. I. C. I₄*

avec fuccès, les Pandectes, & leur
donner une forme avantageufe ? Il
falloit joindre, à une connoiffance profonde du Droit Civil, un efprit de
juftefſe & de difcernement, un efprit
géométrique ; il falloit écarter les textes
inutiles, rapprocher ceux qui fe trouvent épars, & qui fe rapportent le
mieux ; les ranger tous fous les titres
qui les concernent, & dans l'ordre qui
leur convient ; démêler les raifons de
douter de celles qui-décident ; dégager
les principes des obfcurités qui les
enveloppent, & lier les conféquences
fuivant qu'elles dépendent les unes des
autres ; enfin, il falloit donner à ce
vafte corps, & à ces différentes parties, des proportions convenables,
une liaifon folide & naturelle. Un des
Chefs les plus illuftres & les plus
éclairés, qu'en France ait eu la Juftice,
avoit conçu ce beau deffein ; &, fi
fes grandes occupations le lui euffent

permis,

permis, il étoit bien capable de l'exécuter. Son amour pour la perfection
des Loix, lui faifoit chercher tous
ceux qui pouvoient entrer dans fes
vues & les remplir. M. POTHIER eut
beau s'envelopper dans fa modeftie,
& fe cacher dans la retraite, le grand
Dagueffeau fçut l'y découvrir; il le
chargea de mettre dans un nouvel ordre les Pandectes de Juftinien. Quels
talens, quelles lumieres, quel courage
ne falloit-il pas avoir pour entreprendre un pareil Ouvrage, & réparer la
confufion qu'avoient jetté dans le
Digefte fes premiers Rédacteurs ?
Notre nouveau Tribonien exécuta feul,
en peu d'années, & avec un plein
fuccès, ce que l'ancien, aidé de fes
feize Collegues, avoit laiffé fi impar-
fait; il fit voir, à l'Europe étonnée,
un chef-d'œuvre dont les plus fameux
Jurifconfultes du feiziéme fiécle, les
Cujas, les Leconte, les Hottman, les

B

Dumoulin avoient fenti la néceffité, & qu'aucun d'eux n'avoit ofé entreprendre.

Je n'oublierai jamais qu'en 1752, j'eus l'honneur d'accompagner M. POTHIER dans le voyage qu'il fit à Paris, pour y préfenter fon Manufcrit à M. le Chancelier. J'étois jeune alors, & ne connoiffant notre Jurifconfulte que de réputation, je ne pouvois concilier celle qu'il s'étoit acquife avec un extérieur auffi fimple que le fien ; mais lorfqu'il s'ouvrit, & qu'il eut la complaifance de m'expofer le plan de fon Ouvrage, de me dévoiler avec énergie les beautés des Loix Romaines, il m'infpira d'autant plus d'admiration, qu'il me donnoit de furprife. Je dirois qu'il fit paffer dans mon ame quelques étincelles de ce feu qui l'animoit pour la Jurifprudence, fi je ne craignois qu'on me reprochât de ne les avoir pas affez entretenues. Ce qui

pourroit excufer la prévention dont je
fus fi avantageufement défabufé, il en
trouva une pareille chez les Magiftrats
& les Jurifconfultes les plus diftingués
que M. Dagueffeau avoit affemblés
pour le mieux recevoir. Il fut pour eux
un fpectacle auffi étonnant qu'ils pouvoient l'être pour lui, avec cette différence qu'ils ne le quitterent pas fans
avoir découvert l'étendue de fon mérite, & qu'il les quitta peut-être fans
qu'ils euffent rempli l'idée qu'il fe for-
moit du leur. On penfe bien que fa
miffion remplie, les attraits de la Capitale ne rallentirent en rien l'empreffement qu'il eut de retourner en fa Patrie
pour y reprendre fes fonctions.

Il fe paffa plufieurs années fans qu'un
Ouvrage auffi confidérable trouvât un
Imprimeur qui voulût fe charger de le
mettre au jour, & fans que fon Auteur
fe donnât pour cela le moindre mouvement. Enfin, un Libraire plus hardi ou

plus clairvoyant, courut les risques d'en faire une édition proportionnée à son mérite. S'il est rare d'en trouver aujourd'hui des exemplaires, c'est qu'ils ont été enlevés la plupart par les Etrangers, plus curieux que nous ne sommes des belles productions en ce genre, & peut-être aussi plus capables d'en faire usage. Parmi eux les Pandectes de M. POTHIER sont devenues aussi célebres & plus utiles que les Pandectes Florentines.

Néanmoins, les Journalistes de Leipsick, comme s'ils eussent été jaloux que la France enlevât à l'Allemagne la gloire d'un pareil chef-d'œuvre, crurent pouvoir en ternir l'éclat par une critique qui avoit pour objet la partie d'érudition, plutôt que celle du Droit. Trop modeste pour entreprendre sa propre défense, M. POTHIER n'auroit pas même souffert que d'autres l'eussent prise. Ce fut à son insçu qu'un Sçavant

de fes Confreres, qui devoit naturellement prendre quelque intérêt à un
Ouvrage où fa profonde érudition avoit
eu quelque part, répondit à cette critique téméraire, avec cette modération
qui fied toujours à la bonne caufe, &
avec une force qui fut fi victorieufe,
qu'on n'ofa lui répliquer (*a*).

Notre Jurifconfulte François fut encore vengé d'une maniere d'autant plus
glorieufe, qu'elle eft bien extraordi-
naire. Un Jurifconfulte Allemand fe dé-
clara publiquement fon admirateur (*a*).
Il vint exprès à Orléans pour le connoître de près, jouir de fon entretien, &
lui rendre cette efpece d'hommage qui
fait autant d'honneur à ceux qui le portent, qu'à ceux qui le reçoivent : il s'en

---

(*a*) La Critique des *Pandectes* de M. Pothier
fut inférée dans les *Acta Eruditorum*, autrement
dans le Journal de Leipfick, du mois d'Août 1753.
M. Breton la réfuta folidement dans une Lettre
imprimée en 1755, qui fe trouve à Paris, chez
Defaint, Libraire.

retourna auffi fatisfait de la fupériorité
de fes connoiffances, que de l'étendue
de fes vertus. Il me femble voir cet Ef-
pagnol qui, de Cadix, accourt à Rome
pour y contempler Tite-Live (a).

M. POTHIER ne fe livroit pas fi particuliérement au Droit Romain, qu'il
ne s'attachât en même tems & avec la
même ardeur au Droit François. Son
objet étoit de travailler à la perfection
de celui-ci, en y répandant les beautés
qu'il empruntoit de l'autre. Autrement
il fe feroit reproché des connoiffances
qui ne lui auroient été qu'agréables. En
menant ainfi de front & fur la même li-
gne l'un & l'autre Droit, il fe prépa-
roit, fans avoir ce but, à remplir la
Chaire de Droit François que la mort
de M. de la Janès laiffa vacante en
1750. Ce ne fut ni par des follicita-

_____

(a) Vie de Tite-Live, à la tête de la belle
édition que M. Crévier a donnée en 1735 de ce
fameux Hiftorien.

tions, ni par des intrigues qu'il y par-
vint. Il ne s'honoroit pas affez lui-
même de fa propre eftime, pour croire
qu'il pût réparer la perte que l'Univerfité avoit faite dans ce Profeffeur. Mais
M. le Chancelier, qui connoiffoit fa
maniere de penfer, auffi-bien que fes
talens, le prévint, & trouva le moyen
de lui faire accepter cette place, par le
motif qui pouvoit feul le déterminer,
par l'obligation où fe trouve chaque
Citoyen d'être, en tout ce qu'il peut,
utile à la Société dont il eft Membre.
Notre nouveau Profeffeur ne fut pas
plutôt en exercice, qu'il donna à l'U-
niverfité d'Orléans un nouvel éclat. Ce
n'eft pas qu'elle eût entiérement perdu
celui dont elle jouiffoit dans le feiziéme
fiécle, & qui, de toutes les parties de
l'Europe, attiroit dans fes Ecoles une
infinité d'Etrangers. Si depuis elle avoit
moins de concours & de réputation, i
ne falloit s'en prendre qu'aux circonf-

tances des temps, qui ne fourniſſoient plus d'Etudians, ni en ſi grand nombre, ni avec de ſi heureuſes diſpoſitions. Jamais on n'a vu s'y introduire de la part des Profeſſeurs cette inobſervation des Réglemens, ces facilités abuſives, ce relâchement funeſte dont on accuſe d'autres Facultés, & que, ſans aucune diſtinction pour celle d'Orléans, un Anonyme excité par la jalouſie, &, ce ſemble, par l'intérêt, a pris plaiſir à exagérer dans un Mémoire ſur les moyens de rendre les études du Droit plus utiles. M. POTHIER s'eſt joint dans le temps à ſes Collegues pour réfuter avec ſuccès ce prétendu Réformateur, & même, en gardant le ſilence, il auroit ſeul ſuffi pour le confondre (*a*).

(*a*) Réponſe de l'Univerſité d'Orléans au *Mémoire ſur les moyens de rendre les Etudes du Droit plus utiles*. A Orléans, chez Rouzeau-Monraut, 1764, *in-4*. Ce Mémoire, d'abord anonyme, a

En

En effet, quel Maître a été plus exact à donner ſes leçons, plus attentif à les expliquer, plus complaiſant à ſeconder l'intelligence & les progrès de ſes Eleves ? Et en même tems, quel Maître a été plus ſévere à faire obſerver la diſcipline, plus difficile à donner des atteſtations, plus ennemi de la faveur & des préférences ? Ce n'étoit pas aſſez pour ſon zèle, du temps qu'il ſacrifioit aux Ecoles ; il tenoit encore dans ſon Cabinet des conférences ſuivies, où il étoit toujours permis de l'interroger & de l'entendre, où des Magiſtrats & des Juriſconſultes ne rougiſſoient pas de ſe rendre, aſſurés qu'ils étoient de n'en pas ſortir ſans être plus éclairés & plus ſçavans.

Afin d'inſpirer aux Etudians un goût vif pour l'étude, & d'exciter parmi eux

---

reparu en 1768 ſous le nom de M. Lorris, Docteur en Droit, dont le zèle étoit éclairé, mais trop vif, pour le rétabliſſement des Etudes.

C

une noble émulation , M. POTHIER fit
ce qui n'a jamais eu d'exemple ; il con-
facra tout le revenu de fa Chaire à faire
frapper des Médailles d'or & d'argent,
qui avoient pour empreinte l'image du
Roi , & pour revers, les armes de l'U-
niverfité. Il voulut que les Honoraires
légitimement dûs aux peines qu'il fe
donnoit pour enfeigner , ferviffent de
récompenfe aux Ecoliers qui auroient
le mieux appris. Dès la premiere année
de fon exercice , & tant qu'il a exercé,
à l'expiration de chaque Cours , en pré-
fence des Docteurs , des Perfonnes les
plus diftinguées de la Province , & quelquefois des premiers Magiftrats du
Royaume (*a*) s'ouvroient trois concours
où étoient admis les jeunes gens qui ,
par une férieufe application, s'y étoient

(*a*) Le premier Concours s'ouvrit au mois de
Juillet 1751. M. de Lamoignon de Malesherbes,
pour lors Premier Préfident de la Cour des Aides,
l'un des Magiftrats les plus éclairés du Royaume,
fut préfent à l'Exercice de 1759.

bien difpofés. Leur premiere gloire étoit
de n'en être pas exclus. Là, nos Athle-
tes difputoient les uns contre les autres
avec cette ardeur & cet intérêt qu'inf-
pirent le defir de la victoire & la vue
des Prix qui lui font deftinés ; ils difputoient tantôt fur les différentes parties
du Droit Romain, tantôt fur les divers
points du Droit François, toujours fur
les matieres qui avoient été l'objet de
leurs études : là, ne fe préfentoit point
de queftions ménagées par la faveur, ni
d'argumens communiqués par la complaifance ; les combattans abandonnés
à eux-mêmes, ne pouvoient ufer que
de leur adreffe & de leurs propres forces. Enfin, à la pluralité des fuffrages,
& fuivant le mérite de la victoire, les
prix étoient diftribués aux victorieux
par les mains du Recteur. Orléans,
ainfi que l'ancienne Grece, avoit donc
fes jeux Olympiques, mais des jeux plus
fréquens & plus utiles. Ce fera dans la

fuite des fiécles, pour fon Univerfité, une époque d'illuftration. D'auffi beaux établiffemens, malgré ce qu'il en revient de gloire à leur Auteur, & d'avantage au Public, éprouvent quelquefois des obftacles par la jaloufie, ou l'indifférence de ceux-mêmes qui devroient les feconder. Mais les Confreres de M. POTHIER, animés de fon zèle, fe font fait honneur d'adopter fes vues, & de concourir par leurs talens à la célébrité de leurs Ecoles ; les uns en les ouvrant par des Difcours auffi folides qu'éloquens (*a*), les autres en

_____

(*a*) Entr'autres ceux que MM. Breton & Guyot, Docteurs-Régens, ont prononcés ; le premier, à l'ouverture des Ecoles en 1765 & 1768, fur ces points importans : *De Philofophiæ & Jurifprudentiæ conjunctione ; quantùm & quibus de caufis deferbuerit apud Gallos Jurifprudentiæ ftudium.* Le fecond, à la même occafion, mais en des années différentes, en 1763 & 1771, fur cette maxime : *Non omne quod licet honeftum eft ;* fur cette queftion bien intéreffante : *De præjudiciis vel arcendis, vel cautè accipiendis.* Si je ne cite pas un plus grand nombre de Difcours, c'eft que j'en ignore les titres, & non pas que je veuille attribuer particuliérement à ceux-ci le mérite que les autres ont auffi droit de partager.

faifant foutenir avec éclat des Thefes intéreffantes, tous en donnant à leurs Leçons l'excellence dont ils étoient capables.

Tant d'encouragemens, tant d'efforts n'ont pas manqué de produire les heureux effets qu'on devoit en attendre ; ils ont formé un grand nombre de bons Jurifconfultes ; ils ont fourni des fujets diftingués aux Chaires des Univerfités , aux Tribunaux de la Province, même aux Cours Supérieures de la Capitale (a). Puifque ce Siége auquel vous préfidez, MONSIEUR, en profite, je ne puis diffimuler l'avantage que vous avez eu de vous inftruire fous M. POTHIER, ni la reconnoiffance que je lui dois pour les confeils qu'il avoit fou-

---

(a) MM. Barentin, Avocat général au Parlement de Paris, Boilleve de Domcy, Lhuillier de Planchevilliers, de la Gueulle de Coinces, Confeillers ; & Le Trône, Avocat du Roi au Préfidial d'Orléans. Je m'arrète ici par la même raifon que j'ai donnée dans la Note précédente.

vent eu la complaifance de me donner.

Le moyen de perpétuer dans l'Univerfité d'Orléans le goût de la Jurifprudence, étoit, ce femble, que les ré-
compenfes établies par un fi grand Maître puffent acquérir une ftabilité plus
durable que lui-même. On fera, fans
doute, étonné qu'avec un zèle auffi
généreux que le fien, il n'ait pas com-
pris cet objet dans l'exécution de fes
dernieres volontés. Se flattoit-il que
fon exemple trouveroit des imitateurs,
ou plutôt craignoit-il qu'après fa
mort il ne fe gliffât des abus dans la
diftribution des Prix, & qu'enfin il n'y
eût plus affez d'émulation pour les obtenir?

Quoiqu'il en foit, notre fçavant Profeffeur trouva pendant fa vie, le moyen
de rendre à la Jurifprudence les fervices les plus étendus : venant, pour ainfi
dire, de mettre les Pandectes dans le
plus bel ordre, il appliqua fon efprit

méthodique aux Loix Municipales de fa Patrie.

On ne le fçait que trop. Cette multitude de différentes Coutumes qui régiffent la France feptentrionale, dont l'origine femble fe dérober à notre curiofité, dont on trouve néanmoins la fource & les principes les plus importans dans les mœurs des anciens Gaulois ; ces Coutumes, en paffant à travers les révolutions des fiécles, les variations du Gouvernement, les influences des Loix étrangeres, & les impreffions des Loix nouvelles, n'ont formé à la fin qu'une Jurifprudence obfcure, bizarre & incertaine. Malgré les rédaction qui, par ordre du Souverain, en ont été faites avec tant d'appareil dans le onziéme fiécle, ces Coutumes n'offroient pas encore dans leurs difpofitions plus de clarté, plus de conformité, ni plus de liaifon. Celle d'Orléans a particuliérement ces défauts qu'on reproche aux autres , & dont celle de Paris eft la mieux purgée.

Quantité d'articles étrangers au Titre où ils fe trouvent, plufieurs d'inutiles qui chargent le Texte, & plufieurs d'effentiels qui lui manquent ; des exceptions qui précedent les regles, des conféquences qui paroiffent avant leurs principes ; des idées différentes qui fe confondent ; des idées femblables qui fe divifent ; dans la forme nul choix , nul ordre, nul enchaînement ; dans le fond , des difpofitions captieufes, des décifions contraires à l'équité naturelle, des chofes peu conformes à fes propres intentions ; dans le ftyle, des expreffions barbares , foibles & louches ; ce tableau, qui n'eft point agréable, eft , d'après nature , celui de la Coutume d'Orléans (*a*).

_____

(*a*) Si l'on me foupçonnoit d'être un Peintre infidèle, on peut confulter le Difcours hiftorique à la tête d'un de fes Commentaires , qui eft l'abrégé des autres , & qui a été imprimé dans cette Ville, chez Rouzeau, en 1740 , vol. *in-12.*

Plus elle étoit imparfaite, plus elle avoit befoin d'Interprêtes habiles, qui fçuffent en rectifier les difpofitions, en éclaircir les obfcurités, en diriger l'ufage, & en fixer l'application. Elle en avoit déja trouvé plufieurs & des plus éclairés, parmi les Orléanois. Un *Engleberme*, Profeffeur, qui eut le courage d'entrer le premier dans cette carriere, quoique pour lors les Docteurs des Univerfités, fiers de la nobleffe & de l'excellence du Droit Romain, n'eftimaffent pas affez notre Droit Coutumier pour l'honorer de leur attention ; Henri Fornier, dont le pere, célebre par fes Ecrits, avoit été le rival de Cujas, & qui, par des Notes courtes, mais pleines de force & d'intelligence, conféra cette Coutume avec celle de Paris, qui lui eft liée de tant de manieres, en rapprocha les articles, en compara les différences, en réunit les rapports fous

le même point de vue , & de maniere
que de la contradiction apparente de
quelques-uns, il en réfulta un efprit
commun, une parfaite harmonie ; M.
de la Lande qui, avec un ftyle négligé , mais clair & expreffif, donna
à fon Commentaire une étendue fuf-
fifante pour dévoiler pleinement le
fens, l'ufage & l'efpece des articles ,
faire voir l'origine & le changement
des difpofitions, réfoudre les difficultés,
& appuyer les décifions fur les fuffrages des Auteurs & l'autorité des
Arrêts ; qui vengea , en quelque maniere , le Droit Coutumier du mépris que lui avoient d'abord témoigné
les admirateurs outrés du Droit Romain, en appliquant, avec juftefle ,
les plus belles maximes des Loix Civiles , à l'interprétation des Loix Municipales.

Mais ces Commentaires eftimables,
chacun dans leur efpece, en faifoient

defirer un nouveau, qui réunît tous
leurs avantages, fans avoir leurs défauts; un qui fût moins laconique &
plus intelligible que celui de Fornier;
moins prolixe & plus fûr dans les
maximes du Palais, que celui de M.
de la Lande. Des Notes trop courtes,
quelqu'excellentes qu'elles foient, n'ap-
planiffent pas toujours les difficultés
que préfente le Texte, & des Notes
trop longues, diffipent l'attention,
écartent les principes, & rompent le
fil des conféquences. Les Notes, en
général, n'étant relatives qu'à un article qui fouvent n'a point de rapport,
ni à celui qui le précede, ni à celui
qui le fuit, ne laiffent pas dans l'efprit
cette liaifon néceffaire pour le bien
éclairer. Ce font des rayons de lumiere
qu'interceptent, par intervalle, des
corps opaques.

M. POTHIER, fentant cet inconvé-
nient, & ayant toujours devant les

yeux l'image de la perfection, s'imagina de placer à la tête de fon Commentaire fur la Coutume d'Orléans, nne Introduction générale, où fuffent établis, dans un ordre naturel, les principes fondamentaux du Droit Coutumier; au commencement de chaque Titre, une Introduction particuliere, où les principes qui y avoient du rapport, fuffent entiérement développés, & fiffent comprendre les difpofitions du Texte; & la fin de chaque article, des remarques claires & précifes, foir pour en expliquer la lettre, foit pour en faire connoître l'efprit, toujours pour en ramener le fens aux principes établis. De ceux-ci, comme d'un centre commun de lumiere & de vérité, il répandoit le jour fur tout ce qui l'environnoit, & débrouilloit le cahos que la rédaction précipitée de cette Coutume avoit formé.

Un Commentaire, conduit avec

tant d'intelligence, & exécuté avec tant de fuccès, a ce fingulier avantage d'être un abrégé auffi fçavant que folide du Droit Coutumier, & de pouvoir fervir à l'explication des autres Coutumes, pourvu qu'on ait égard aux exceptions qu'elles doivent fouffrir.

Comme s'il eût voulu fe dédommager d'un travail qui avoit dû lui donner bien de la peine, & fort peu d'agrément, notre Jurifconfulte revint bientôt à l'objet de fes délices, à la Jurifprudence Romaine; mais pour en éclairer la France, & même toutes les Nations civilifées, fur les liens les plus effentiels de la Société, fur les engagemens que, pour leur intérêt & pour leur bonheur, les hommes contractent enfemble dans le commerce de la vie.

Dès que le Traité des Obligations vit le jour, la Renommée fe plut à le répandre, & à lui donner des ap-

plaudiffemens. Il n'eft point de matiere
dans la Jurifprudence qui foit plus utile
par l'univerfalité de fon ufage , ni
plus fatisfaifante par la certitude de fes
principes. Les autres Loix n'émanent
la plupart que de la volonté arbitraire,
ou de la politique intéreffée des Légiflateurs ; celles des Conventions prennent leur fource dans ces lumieres pu-
res dont l'Auteur de toute Juftice a
éclairé l'efprit humain ; les premieres
varient fuivant la différence des Gou-
vernemens , des mœurs , & même des
climats ; les fecondes font de tous les
Peuples , de tous les ufages & de tous
les lieux ; en un mot, elles font la raifon même. Quoique cette Science , qui
enfeigne aux hommes leurs devoirs à
l'égard de leurs femblables , foit de
Droit naturel , il ne faut par croire
qu'elle foit tellement infufe , qu'elle ne
fouffre aucune difficulté , & que chacun trouve d'abord au fond de foi-mê-

me la folution de toutes les queſtions
qu'elle préſente. C'eſt beaucoup pour
le plus grand nombre, de ſentir & d'entrevoir ſes premiers principes à travers
les préjugés & les paſſions de la Nature corrompue ; mais il n'appartient
qu'à de profonds Juriſconſultes de les
démêler ces principes, & leurs conſé-
quences, à force de travail & de ré-
flexion, de les appliquer avec juſteſſe
à cette multitude d'affaires, & à cette
variété de circonſtances qu'amene le
commerce de la Société civile.

M. POTHIER a partagé cette gloire
avec les Juriſconſultes Romains, en
tirant des fragmens qui nous reſtent
de leurs déciſions, ce qui s'y trouve
de plus ſage & de plus pur, en le
faiſant ſervir de baſe à toute ſa doc-
trine des Obligations, en traitant cette
matiere avec une étendue de connoiſſances, un eſprit d'ordre, une juſteſſe de
déciſion, enfin avec une perfection dont

perfonne n'avoit encore approché.

Auffi, dans tous les Ouvrages qu'il a donnés depuis au Public, ce n'eft point M. POTHIER qu'on défigne pour leur Auteur, c'eft, par excellence, celui du *Traité des Obligations* ; c'eft le titre fous lequel il lui étoit le plus honorable d'être connu, femblable en cela à ces illuftres Romains qui, outre leurs noms ordinaires, en portoient un autre fignificatif de la plus belle action de leur vie.

Qu'on examine bien ce fruit exquis de fes veilles, on y trouvera le germe de quantité d'autres productions qui n'attendoient que le tems pour éclorre. Ayant une fois entrepris de former des Eleves à la Jurifprudence, la marche naturelle étoit de les conduire de la généralité des principes au détail de leur application ; ayant répandu le plus beau jour fur ces maximes précieufes qui font l'ame de toute Société bien ordonnée , qui ramenent l'homme à fes devoirs primitifs , afin de cimenter fon bonheur & celui de fes pareils , il falloit lui apprendre à concilier fes intérêts particuliers avec l'intérêt général ; il falloit , par un fecond travail auffi difficile & plus long que le premier , lui montrer les routes différentes où ce fil de l'équité pouvoit fûrement le conduire , fans qu'il craignît de s'égarer. Le Traité des Obligations étoit comme le veftibule du Temple de la Jurifprudence, qui devoit introduire dans toutes les autres parties de ce vafte édifice.

De - là , tous ces Traités que M. POTHIER a fait paroître fucceffivement , prefque chaque année , prenant leur fource dans les Obligations, liés les uns aux autres par un enchaînement méthodique ; car cet excellent Auteur étoit auffi uniforme dans l'ordre de préfenter fes fujets , que dans la maniere de les travailler.   D

D'abord, le Contrat de vente eſt, par une liaiſon naturelle, le Traité des Retraits, auxquels le premier donne ſouvent ouverture pour perdre tous ſes effets.

Enſuite le Contrat de Conſtitution de rente, qui n'a été inventé que pour fournir le moyen de ſe paſſer du prêt à intérêt, prohibé par les loix de l'Egliſe & de l'Etat ; qui, par fiction, eſt une eſpece de vente, & qui demandoit des éclairciſſemens d'autant plus utiles, que cette ſorte de Contrat, long-temps inconnue parmi nous, eſt devenue fort commune, & ſans doute trop pour le maintien de l'Agriculture, qui eſt le ſeul bien réel.

Le Contrat de Change, où l'on trouve une vente réciproque & toutes les négociations relatives à ce Contrat, par le moyen des lettres & des billets qui ont cours dans le commerce pour ſon extenſion & ſa facilité.

Les Contrats de Louage & de Bail
à rente, qui conviennent en beaucoup
de chofes avec le Contrat de vente,
& qui néanmoins en different en beau.
coup d'autres fort importantes.

Le Contrat Maritime, fupplément
naturel au Contrat de Louage, puifque
fon principal objet eft la location
des Navires, des Matelots, de tout ce
qui eft néceffaire au fervice & au
commerce de la Mer.

Le Contrat de Société, par lequel
deux ou plufieurs perfonnes ont mis
ou s'obligent de mettre en commun
quelque chofe, pour faire en commun
auffi un profit honnête, dont ils pro-
mettent réciproquement de fe rendre
compte

Le Traité des Cheptels, qui, fuivant
leurs différentes efpeces, font un Contrat de Louage, ou de Société de bef-
tiaux, fort intéreffant pour l'exploi-
tation des biens de la campagne, plus

intéreffant encore pour la confcience, puifqu'on y examine tout ce qui eft conforme , & tout ce qui eft contraire dans ce fujet à l'équité naturelle.

Les moins communs de tous les Contrats , ceux de Bienfaifance ; car ils different des autres, en ce que ceux-ci fe forment pour l'intérêt de l'une & de l'autre partie , & que ceux-là ne fe font que pour l'utilité de l'une des part es contractantes.

Les Contrats Aléatoires , c'eft-à-dire , ceux dans lefquels ce que l'un donne , ou s'oblige de donner à l'autre, eft le prix du rifque dont il s'eft chargé. Suit un Traité du Jeu , auffi curieux qu'intéreffant, depuis que le défœuvrement & l'amour du gain ont forcé les Loix à contenir une action qui , lorfqu'elle n'avoit pour motif qu'un honnête délaffement, jouiffoit de toute fa liberté.

Le Contrat de Mariage , le plus ancien & le plus excellent de tous

les contrats, le plus ordinaire, &
fouvent, par notre faute, le plus malheureux.

Les Traités de la Communauté, de
la Puiffance du Mari fur la perfonne
& les biens de la Femme, & du Douaire.
Puiffance néanmoins qui n'eft qu'une
douce fociété, dès qu'elle fe renferme
dans les bornes des loix & de la
raifon, qui laiffe à la femme le droit
de partager les avantages de cette
fociété même, & de n'en pas fupporter
les pertes, lors de fa diffolution; qui
lui permet de jouir, lorfqu'elle a perdu
fon chef, de ce que la Coutume ou
les conventions lui accordent pour la
récompenfe naturelle de fes foins &
de fon amour.

Enfin, le Traité de Propriété, où
l'on trouve tous les moyens légitimes
de l'acquérir & de la défendre, &
dont il n'a encore paru que le premier
Volume.

M. POTHIER avoit pris avec le Public des engagemens que sa mort seule a pu rompre ; il se proposoit de donner encore d'autres Traités, ceux des Donations, des Substitutions, des Testamens, enfin, de travailler peu-à-peu toutes les matieres de la Jurisprudence. Il y a lieu de croire que le Magistrat éclairé (*a*), qu'il a rendu dépositaire de ses Manuscrits, qui lui étoit attaché par les liens du sang & de l'amitié, sera trop jaloux de la gloire de son Confrere & de son parent, trop plein de son esprit & de ses vues patriotiques, pour ne pas favoriser le Public de tous les Ouvrages que lui a, pour ainsi dire, légué ce célebre Jurisconsulte.

Ceux dont il a enrichi le Barreau, & dont nous jouissons à présent, sont, comme vous venez de voir, en trop

_____

(*a*) M. Boilleve de Domcy qui, par ses heureuses dispositions, a particuliérement mérité que M. Pothier mît en lui ses complaisances.

grand nombre, & ils font trop connus,
pour que j'entreprenne d'en faire ici
l'analyfe. Je craindrois qu'elle ne fût
pas du goût de tous ceux qui me font
l'honneur de m'entendre ; c'eft bien
affez qu'ils me pardonnent la lifte aride
que je viens d'en donner, & qu'ils me
permettent de montrer au moins ce
qui en conftitue le mérite particulier,
je veux dire l'efprit, la maniere, &
le ftyle.

Combien de Commentateurs des
Loix, au lieu de nous en offrir les
principes & une jufte application, ne
nous donnent que leurs préjugés &
leurs erreurs, pour des maximes fûres
& inviolables ? Combien diffipent l'efprit même de ces Loix, par des raifonnemens à perte de vue, en énervent
la force par des fubtilités prefqu'inin-
telligibles, en éclipfent la lumiere
par les nuages de difficultés qu'ils y
oppofent, déconcertent le Lecteur le

plus patient, par leur incertitude, & dégoûtent le plus intrépide par leur prolixité ? Combien, de deffein prémédité, dénaturent l'autorité légiflative dans fon établiffement & dans fes fins, violent, fans fcrupule, la fainteté de fon dépôt, &, d'une main hardie, ofent ébranler cette bafe éternelle, fur laquelle repofent la fûreté du Prince & le bonheur. de fes Sujets ?

Tout au contraire, M. POTHIER, en Jurifconfulte profond, qui veut élever un Ouvrage auffi utile que folide, commence par pofer des principes certains, en tire des conféquences toutes naturelles, les applique convenablement aux circonftances, met dans la balance les opinions de ceux qui l'ont précédé dans la même carriere, les adopte & les fortifie fi elles font juftes, les rectifie & les rapproche de la régle fi elles s'en écartent, &, par une difcuffion auffi fûre

que

que lumineufe, leve les doutes, dif-
fipe les nuages, & met la vérité dans
le plus beau jour.

Forme-t'il des queftions fur les matieres dont il traite ? Il n'en forme
que d'intéreffantes ; il en trouve une
folution fi heureufe dans les Loix Romaines, qu'on ne fçait ce que l'on doit
le plus admirer, ou la grande fageffe de
ces anciens Légiflateurs du monde qui
prennent fur prefque toutes les difficultés un parti fi conforme à l'équité naturelle, ou l'art infini avec lequel notre Légiflateur moderne examine, agite
& réfout ces mêmes difficultés. On fent
même l'avantage qu'il a fur ces premiers Maîtres ; n'ayant eu de reffource
que dans leurs propres méditations, il
leur arrive quelquefois de s'éloigner
un peu de l'exacte équité. Maître à fon
tour, M. POTHIER les combat avec
des armes qu'ils ne connoiffoient pas,
avec cette morale pure de la révéla-

E

tion, à qui feule il appartient de rendre fenfibles ces traits primitifs de juftice, que les doigts de celui qui en eft la
fource a d'abord gravés dans les cœurs,
& que les ténebres de l'homme aban-
donné à lui-même a toujours altérés.
Mais pourquoi recourir fi fouvent aux
Loix Romaines, diront ceux qui n'en
connoiffent pas les beautés, ou qui
font incapables d'en tirer aucun avantage ? Pourquoi employer leur autorité dans des queftions où elle n'eft
pas reconnue, dans des ouvrages deftinés à la connoiffance & à la perfection du Droit François ? Parce que
c'eft en même temps une certitude &
une fatisfaction pour les efprits qu'on
veut inftruire, de les faire remonter à
la raifon primitive des chofes, & que
cette raifon n'eft nulle part fi évidente,
ni fi bien écrite que dans le Droit
Romain. La maniere aifée dont M.
POTHIER l'employe, & l'ordre con-

venable dans lequel il le place, ne font
point, comme chez tant d'autres Auteurs, un étalage d'érudition inutile,
ni un fimple mécanifme ; ils font plutôt l'effet d'une fcience raifonnée &
d'une combinaifon réfléchie. C'eft Ap-
pelles qui difpofe fes fujets avec goût,
& les deffine avec exactitude ; qui tire
de toutes parts les couleurs convenables, les fond avec adreffe, & donne à
fes tableaux la vérité & la vie.

Qu'on faififfe bien la maniere de
notre Peintre Légiflateur, on fera convaincu que pour traiter avec fuccès
même les matieres du Droit François,
qui femblent avoir le moins de rapport
avec le Droit Civil, il eft indifpenfa-
ble de poffléder celui-ci, de fe remplir
au moins de fon efprit & de fes maximes. L'un ne peut jamais faire que des
Praticiens de routine, auffi aveugles fur
les raifons qui les déterminent, qu'em-
barraffés aux premieres difficultés qu'ils

rencontrent ; il n'appartient qu'à l'autre
de former de vrais Jurisconsultes, des
génies capables de s'élever à la théorie des Loix, & d'en répandre la lumiere sur toutes les questions qui se
présentent.

Nous ne le sçavons que trop ; des
études longues & sérieuses ne plaisent
gueres aujourd'hui à ceux-mêmes qui
se destinent pour le Barreau. On a plus
de goût pour ces connoissances légeres
qui flattent la paresse, qui s'accommo-
dent avec les plaisirs, & qui ne fati-
guent point l'esprit. Ces Ouvrages
méthodiques & approfondis de nos
sçavans Jurisconsultes, on les laisse
reposer dans les Bibliotheques pour
feuilleter légerement & suivant le be-
soin ces Abrégés, ces Dictionnaires,
&, comme les appelloit M. POTHIER,
ces Livres en découpures, qu'au détri-
ment des Sciences notre siécle multi-
plie dans tous les genres, dans ceux

mêmes qui en font le moins fufcepti-
bles. Avec un grand nombre de mots,
& quelques définitions dans fa tête, on
s'applaudit d'être fçavant, fans avoir
beaucoup étudié, & l'on monte fur le
Tribunal, perfuadé qu'il fera facile de
fuppléer à une Jurifprudence auffi fu-
perficielle, par ce que la raifon & le
bon fens dictent à tous les hommes.
La plupart des Avocats, qui ont de la
réputation, font brillans dans leur ftyle,
féconds dans leur éloquence, féduc-
teurs dans leurs raifonnemens ; mais,
au jugement de notre Jurifconfulte
folide, ils manquent fouvent par les
principes.

L'amour de préférence, que M.
POTHIER avoit pour le Droit Romain,
ne lui faifoit pas négliger ce qu'il y
a de bon & d'effentiel dans le Droit
François.

Il difcutoit avec la même fagacité la
lettre & l'efprit de nos Coutumes ; il

E iij

balançoit avec la même exactitude le poids des différentes autorités, les raifons de douter & celles de décider ; il ne rejettoit point les opinions des autres, fans faire connoître en quoi elles étoient mal fondées, & il propofoit modeftement les fiennes, fans diffimuler les objections qui pouvoient les combattre. On ne peut qu'applaudir à l'ordre, à la netteté & à la force de raifonnement qu'il a fçu mettre dans fes Ouvrages. En remontant à l'origine des chofes, il éclaircit fon fujet, & le débarraffe de toutes ces fuperfluités dont plufieurs Juriftes ont furchargé leurs compilations ; en entrant dans les détails dont fa matiere eft fufceptible, il a l'art de les refferrer de maniere que, fans rien omettre de ce qu'il y a d'effentiel, il ne dit rien d'inutile ; enfin, en refpectant l'autorité, il ne ceffe pas de la foumettre à la raifon & à la juftice.

Trois objets qui entrent dans fon
plan, & qu'il ne perd jamais de vue,
rendent fes Ouvrages très-précieux,
peut-être uniques en leur genre, utiles
en même temps aux Jurifconfultes &
à ceux qui ne le font pas ; le Droit
Romain, la Jurifprudence Françoife &
le Droit Naturel dont notre confcience
eft l'oracle le plus fûr. Quoique de
pareilles productions exigent du génie, une méthode prefque géométrique, une morale faine, des vues philofophiques, une connoiffance particuliere des Mœurs, de l'Hiftoire & de la
Politique, ce ne font pas proprement
des Livres de Philofophie, de Morale,
de Littérature. La Jurifprudence, qui
en eft le fond, y conferve toujours
fon air fimple, grave & férieux. Ce
n'eft ni par des portraits ingénieux,
ni par des images riantes, ni par des
allufions fatyriques, ni par des paradoxes hardis qu'elle cherche à s'infi-

nuer dans l'efprit, à le convaincre &
à l'inftruire. Elle ne fe déguife point,
elle n'ufe d'aucune adreffe pour fe
faire écouter ; elle fe montre toute à
découvert, elle parle toujours fur le
ton dogmatique, expofant les Loix tel-
les qu'elles font, les appliquant avec
juffeffe aux différentes circonftances,
levant les difficultés qu'on leur op-
pofe, & montrant les exceptions qu'elles doivent fouffrir ; n'affectant ni la
briéveté épigrammatique, ni la prolixité des Commentaires, ni l'obfcu-
rité des Oracles. La clarté, la préci-
fion & l'énergie du ftyle ; la folidité
& la vérité des chofes, font tout ce
qu'elle a en vue dans fes Ecrits.

Cependant la Jurifprudence eft brillante, fouvent hardie, & quelquefois
obfcure chez le fameux Auteur de l'Efprit des Loix ; éloquente & pleine de
paradoxes dans la théorie des Loix
Civiles, verbeufe & incertaine chez

la plupart de nos Jurisconsultes ; mais dans les Ouvrages de M. POTHIER, elle se montre telle qu'elle est naturellement.

C'est donc avec injustice que des Critiques inconsidérés les ont comparé, ces Ouvrages, avec tant d'autres que nous possédons sur la même matiere ; qu'ils ont prétendu, par exemple, que le célebre M. Domat avoit donné sur les Obligations & les différens Contrats qui en découlent, des principes assez étendus pour rendre surabondans ceux qui seroient présentés par une autre main ; enfin, que les Traités de M. POTHIER n'étoient qu'un Recueil de ses lectures, une répétition de ses leçons, dont la nécessité ne s'étendoit pas au-delà des besoins personnels de leur Auteur & de l'instruction de ses Ecoliers (*a*).

(*a*) Voyez *les Mémoires pour servir à l'Histoire des Sciences & des Beaux-Arts ;* Déc, 1763 p. 2897.

Je ne ravirai point à M. Domat la
gloire qu'il s'eſt acquiſe d'avoir mieux
que ſes Prédéceſſeurs connu les vrais
principes de la Juriſprudence Romaine ; mais en ne les expoſant que
dans leur généralité , n'a-t'il pas at-
tendu lui-même qu'une main habile,
en les développant, perfectionneroit le
fruit de ſes veilles, & partageroit au
moins ſa gloire ?

Veut on faire taire l'envie , ou plutôt ſe convaincre combien les Traités
de M. POTHIER ſont utiles à ceux qui
n'ont lu que le ſçavant Recueil des
Loix Civiles, que l'on confronte ſeulement le Contrat de Vente avec ce

---

Octobre 1764, II. vol. p. 1112 & ſuiv. & la con-
tinuation de ces Mémoires , avantageuſement con-
nue ſous le titre de *Journal des Beaux-Arts & des
Sciences.* Je ne ſçai point d'Ouvrage périodique
où l'on ait rendu des différens Traités de M.
Pothier , à meſure qu'ils paroiſſoient , un compte
plus exact, ni plus judicieux. J'avertis , avec reconnoiſſance, que j'en ai beaucoup profité dans
cet Eloge.

qu'en dit M. Domat. Ce que celui-ci préfente en abrégé dans trente ou quarante maximes fur un objet fi important, eft difcuté par celui-là avec une profondeur & une étendue qui enrichiffent cette matiere de toutes les perfections que l'on peut defirer. Ainfi les principes établis par le Rédacteur des Loix Civiles ne fuffifant pas à la décifion de tous les cas particuliers, les Jurifconfultes qui les développent , ces principes, comme a heureufement fait M. POTHIER , qui les appliquent aux efpeces fingulieres & propres à notre Jurifprudence, rendent à la Société un fervice d'autant plus important, qu'il vient à fon fecours dans tous fes befoins.

L'admiration que nous montrons pour les Ecrits de ce grand Homme, feroit par elle-même d'un foible poids; mais le jugement que nous en portons ne peut être fufpect ; il n'eft que le réfultat de ce qu'en penfent les Magiftrats les plus éclairés, les fçavans Jurifconfultes qui font à la tête du Barreau, & toutes les Perfonnes capables d'en apprécier le mérite; en un mot, c'eft le jugement de ce fiécle & de la poftérité.

Depuis long-temps nous defirons que la France ait un Corps uniforme de Jurifprudence, puifé dans cet efprit commun de toutes les Coutumes, formé de ce que chacune d'elles offre de plus fage, de plus judicieux, de plus conforme au génie & aux mœurs générales de la Nation. Ce beau deffein, qui feroit fi avantageux à la diftribution de la Juftice, à la liaifon des Provinces, & à l'harmonie de l'Etat, a fouvent été conçu par les Souverains mêmes, propofé par ces Génies fublimes, qui penfent qu'un même Empire ne doit pas être gouverné par des Loix différentes, & que de l'uniformité de la Légiſlation, dépend le bonheur des Peuples.

Ce que nous deſirerons peut-être toujours, M. P*OTHIER* étoit ſeul capable de l'exécuter. Qu'il eût été choiſi par l'Autorité Royale, il auroit formé un Code François, qui auroit mis le comble à ſa gloire & à notre reconnoiſſance. Certainement L*OUIS* XV auroit été mieux ſervi que Juſtinien, auſſi-bien du moins que Fréderic & Catherine.

Qui poſſédera jamais, comme M. P*OTHIER*, toutes les eſpeces de connoiſſances & de vertus néceſſaires au ſuccès d'une ſi vaſte entrepriſe? A une théorie ſublime des Loix, il joignoit, ce qu'il eſt ſi rare de rencontrer, une pratique journaliere de leur application; à la ſcience univerſelle du Droit, celle des maximes du Palais, des uſages du Barreau, & de l'ordre judiciaire; enfin, il n'étoit pas ſeulement un Jurifconfulte profond, mais encore un Magiftrat integre.

SECONDE PARTIE.

Exercer, au nom du Souverain, la partie de fon pouvoir qu'il lui plaît de confier, maintenir l'obfervation des Loix qu'il a établies, faire rendre à chacun ce qui lui appartient, affurer la fortune des Particuliers, en condamnant ceux qui l'attaquent, & la tranquillité du Public, en puniffant ceux qui la troublent; tel eft l'office du Magiftrat: mais le remplir cet office, fans partialité & fans intérêt, avec les lumieres & l'exactitude qu'il exige, pour la feule gloire de la Juftice, & pour le plus grand avantage de la Société; telle doit être l'intégrité du Magiftrat. Cette vertu fi rare, qui eft l'affemblage de toutes les autres, M. POTHIER l'a conftamment pratiquée dans fa plénitude, foit qu'il décidât fur le Tribunal, foit qu'il donnât des avis dans fon Cabinet, foit qu'il exerçât une Jurifdiction contentieufe, foit qu'il rendît une juftice volontaire.

Il étoit entré de bonne heure dans le Préfidial d'Orléans, pour y occuper la Place de Confeiller, & fuccéder, en quelque façon, à fon Pere, qui avoit dignement exercé l'Office de Confeiller au Châtelet de la même Ville.

Quoique jeune, il apporta fur le Tribunal ce fond de fcience & de fageffe, que doivent donner, mais que ne donnent pas toujours l'expérience & la maturité de l'âge.

Ce Siége, comme tant d'autres, après avoir été fuffifamment garni, en des temps plus heureux, de Magiftrats auffi integres qu'éclairés, commençoit à devenir défert ; peu de Sujets qui vouluffent y entrer, moins de Sujets encore qui en fuffent capables. La fri-volité de l'éducation, la précipitation des études, les excès des plaifirs, l'é-

clat du luxe, l'amour des richeſſes;
l'indifférence, ou plutôt le mépris pour
la Religion, qui forment les caractères
diſtinctifs de notre ſiécle, peuvent-ils
inſpirer du goût pour un état auſtere,
plus honorable que lucratif, où la re-
préſentation doit être grave, le travail
aſſidu, l'eſprit appliqué, le cœur en
garde contre la corruption des mœurs,
l'ame ſoutenue par l'amour de la Patrie,
par le zèle de la juſtice, par toutes les
vertus qui font le bon Citoyen & le
Juge integre ?

M. POTHIER voyoit avec douleur
le commencement de cette déſertion,
& craignoit que dans la ſuite elle ne
devînt complette. Il n'accepta peut-
être la Chaire du Droit François, que
dans l'eſpérance de former des Eleves
à la Magiſtrature ; & il y réuſſit autant
par ſes exhortations & ſes exemples,
que par ſes inſtructions.

Bientôt il eut la ſatisfaction d'introduire

duire dans son Corps, avec les dispositions qu'il avoit inspirées, des Sujets
dont il avoit été le Maître, & qui pleins
de zèle & de reconnoissance, se faisoient
honneur d'avoir été ses Disciples. L'é-
mulation & le goût pour l'étude qu'il
avoit excités dans l'Université, il les
communiqua au Présidial ; il y soutint
plus que jamais la réputation dont ce
Siége a toujours joui d'être équitable
dans ses Jugemens, & par son exemple,
de retenir dans la modération ces Officiers inférieurs, dont il est si difficile
en d'autres Tribunaux de borner l'a-
vidité.

» Le rétablissement du Présidial d'Or-
» léans, remarque un de ses Membres
» les plus distingués (*a*), est, dans les

(*a*) M. Le Trône, Avocat du Roi au Bailliage
d'Orléans, dans son *Discours sur l'Etat actuel de la
Magistrature , & sur les causes de sa décadence,* prononcé le 15 Novembre 1763 , & imprimé à Orléans chez Couret de Villeneuve, 1764, *in-*12. où
plutôt dans la Note 14, qui suit ce Discours, il y

F

,, circonſtances préſentes, un exemple
,, unique ; & peut - être la nouvelle
,, génération qui s'eſt élevée (ſous M.
,, POTHIER) ne ſera pas remplacée. ,,
Hélas ! j'ajoute qu'aujourd'hui elle eſt
preſque finie. Qu'il étoit beau de voir,
lorſqu'il le fut devenu, ce reſpectable
Doyen, aſſis ſur le Tribunal à la tête
de ſes Confreres, oublier qu'ils avoient
été ſes Eleves, pour ne les plus conſidérer que comme ſes égaux ; recueillir
leurs avis, y ſoumettre les ſiens par
la modeſtie avec laquelle il en expli-
quoit les motifs, & ſe croire moins
éclairé que ceux-mêmes qui tenoient
de lui leurs lumieres ! Qu'il étoit agréable, en même - temps, de conſidérer
ces jeunes Magiſtrats, fixer ſur leur

---

en a une autre particuliere ſur M. Pothier, & fort
intéreſſante, donr j ai pris la liberté de faire uſage.
C'eſt d'un Magiſtrat auſſi éloquent que M. Le Trône,
& auſſi inſtruit de la Vie particuliere de M. Pothier,
qu'on doit attendre un Éloge parfait de ce Grand
Homme.

Chef toute leur attention, modérer leur vivacité fur fa prudence, ne fe permettre aucun ton décifif qu'il ne l'eût d'abord réglé, & joindre leurs voix à la fienne, moins par une déférence qu'il n'auroit pas foufferte, que par l'aveu de leur conviction !

On s'imagineroit peut-être que tous ceux qui avoient des affaires à décider devant un Juge qui avoit acquis dans fon Siége une fi grande autorité, s'empreffoient de le mettre dans leur parti & de le déterminer en leur faveur ; mais fçachant qu'il étoit inacceffible à toutes fortes de follicitations, les Plaideurs les plus entreprenans étoient retenus par la vénération qu'il leur infpiroit, ou par la certitude qu'ils avoient de l'inutilité des refforts que leurs intrigues entreprendroient de faire jouer. Les Plaideurs les plus tranquilles avoient moins de confiance en leurs démarches qu'en fon intégrité, & fe repofoient fur

fes attentions du fuccès de leur Caufe.
Ce ne font pas les Juges les plus irré-
prochables qui font le plus environnés
de folliciteurs ; ceux-ci ne fe multiplient
& ne s'introduifent qu'à la faveur des
facilités qu'on leur préfente , ne s'in-
finuent qu'à raifon des ouvertures &
des endroits foibles qu'on leur laiffe
entrevoir. M. POTHIER fortifié de toutes les vertus, ne craignoit ni d'être
furpris , ni d'être attaqué , ni d'être
vaincu ; il éloignoit ceux qui le pref-
foient trop , qui cherchoient à le pénétrer , par une promeffe laconique de rendre juftice; promeffe qui chez tant d'autres Magiftrats n'eft que de ftyle & de
compliment , mais qui chez le Nôtre
étoit une réalité dont rien ne pouvoit
fufpendre, ni arrêter les effets. Toujours
en garde contre les autres , il l'étoit
également contre lui-même , non qu'il
eût à craindre les faillies de ces paffions
qui ne s'animent gueres fans mettre en

danger la vertu la plus affermie. Si jamais il fut attaqué par quelques-unes, il avoit fçu de bonne heure les affujettir au joug de la raifon ; il fe précautionnoit jufqu'au fcrupule contre ces inattentions qui échappent aux efprits les plus préfens, parce qu'ils font fouvent les plus occupés ; contre ces abfences de la mémoire, qui furchargée d'une multitude de faits, ne peut toujours les retenir exactement. Il ne faifoit point de rapports, il n'ouvroit point d'avis qu'il n'eût bien examiné le Procès qui en étoit l'objet, qu'il n'en eût éclairci les faits, fixé les points, difcuté les queftions, pefé les moyens au pied du Sanctuaire dont il étoit le digne Miniftre. Si par une révifion qu'il accordoit toujours aux inquiétudes de fa confcience, il s'appercevoit de la moindre erreur qu'il eût faite, il trouvoit dans cette confcience même les moyens de la calmer.

Une veuve qui étoit obligée de fuivre un Procès de conféquence, mais qui, incertaine de la bonté de fa Caufe, en craignoit l'événement, crut ne pouvoir mieux s'en affurer qu'en recourant avec confiance aux lumieres de cet integre Magiftrat ; elle lui remit tous les titres & papiers qui pouvoient établir fes droits, & il eut la complaifance de les examiner, ce lui fembloit, avec cette attention que leur auroit donnée un Confultant à qui l'on auroit promis la plus grande récompenfe. Cet examen fait, il affura fa Cliente de la juftice de fes prétentions & du fuccès de fa Caufe. Mais l'Arrêt qui intervint, en condamnant cette Dame dans tous les chefs, détruifit les efpérances qu'elle avoit conçues, elle en dépofa fa douleur plutôt que fes plaintes dans le fein de fon Confeil. Tout autre auroit rejetté cette perte fur la négligence des Défenfeurs,

ou fur l'impéritie des Juges ; M. PO-
THIER aima mieux croire qu'il pouvoit s'être trompé ; il examina une fe-
conde fois les piéces du Procès, il y
en trouva une qui avoit échappé à fa
premiere attention, & qui, à fon avis,
avoit opéré la condamnation ; il fe
jugea lui - même, en indemnifant cette
Dame de tous les événemens qu'elle
avoit foufferts. A quoi donc doivent
fe condamner des Juges qui, par dé-
faut de lumiere ou d'intégrité, font
pancher la balance du côté de la mau-
vaife Caufe ?

Si M. POTHIER donnoit cette attention fcrupuleufe aux Procès civils,
quelle devoit être celle qu'il portoit
dans les Procès criminels ? Une ame
fenfible & compatiffante comme la
fienne, avoit befoin d'être foutenue
dans des fonctions auffi féveres, par
l'obligation de remplir les devoirs de
fon état. Il y étoit plus que jamais

engagé depuis la perte que le Préfidial
avoit faite d'un Officier particuliérement attaché au Criminel, qui, par
l'intelligence avec laquelle il le trai-
toit, avoit acquis une grande réputation (*a*). Le fort du Doyen de ce Siége
étoit de fuppléer aux anciens Juges, qui
venoient à manquer ; & ce fort, qui ne
le favorifoit pas en multipliant fes travaux, étoit du moins heureux pour
le Public.

Rien n'eft plus important au repos
de la Société, que la punition des
crimes. Elle contient, par la crainte
des châtimens, ceux qui ne feroient
pas retenus par la confidération de
leurs devoirs ; mais rien auffi n'eft
plus difficile, ni plus délicat à exercer ;
& il y a une grande différence entre

(*a*) M. Boyetet, Lieutenant Criminel, décédé
en 1768. J'ai entendu dire qu'il avoit refufé cette
même Place au Châtelet de Paris, qu'on lui avoit
offerte, parce qu'on ne trouvoit perfonne plus
capable de la remplir.

les

les Procès civils & les Procès cri-
minels.

Les premiers n'ont pour objet que
les qualités, les droits, & les biens
des Personnes; les seconds tendent ordinairement à priver les hommes de
ce qu'ils ont de plus cher, de l'honneur, de la liberté, & de la vie. Dans
ceux-là, les Parties s'expliquent ou-
vertement, fournissent tous les moyens
qu'ils peuvent imaginer, & instruisent
leurs Juges; dans ceux-ci, l'instruction la plus intéressante pour les Parties, est renfermée dans le secret; les
Accusateurs particuliers, ne sont as-
surés ni du nombre, ni de la qualité,
ni de la force de leurs preuves; les
Accusés, loin de s'ouvrir, sont intéressés
à garder le silence, ou à s'échapper
dans les détours de la dissimulation.
On peut les interroger, mais non pas
les surprendre; essayer, avec prudence, d'en tirer des aveux, mais non

G

pas les contraindre. Dans les Procès civils, s'il fe rencontre des queftions douteufes, des circonftances fingulieres, fur lefquelles la Loi n'ait rien ftatué, il eft permis de prendre un parti mi-toyen, & de fuppléer à ce que n'a pas prévu le Légiflateur, par ce que dicte l'équité naturelle : dans les Procès cri-minels, tout eft de rigueur, il n'y a point de milieu ; un foupçon n'eft pas un indice, un indice n'eft pas une preuve, & une preuve n'eft pas une conviction. Il ne fuffit pas qu'un homme foit accufé pour être criminel, qu'il foit criminel pour être condamné, il faut abfolument qu'il foit convaincu, & qu'en quelque forte il fe condamne lui-même. C'eft ici que les Juges, qui ne voyent que l'extérieur des chofes, auroient befoin de cette pénétration furnaturelle, qui fonde les cœurs & développe les replis de l'ame. Autre différence, autre embarras, qui n'eft pas néanmoins le plus intéreſſant, puiſqu'il n'opere qu'une peine quelquefois humiliante, toujours déſagréable pour le Juge qui n'eſt pas aſſez inſtruit, ou aſſez attentif pour s'en tirer ; c'eſt qu'en Matiere criminelle, l'omiſſion des formalités ſagement établies par les Ordonnances, entraîne la nullité de la procédure, & l'obligation pour celui qui l'a mal inſtruite, de la recommencer à ſes frais, au lieu que dans les Matieres civiles, ce n'eſt pas toujours une nullité que de ne pas ſuivre les regles preſcrites, même d'une maniere impérative, & qu'en tous cas, la faute en retombe ſur les Parties, qui doivent ſe reprocher d'avoir négligé leurs affaires, ou de les avoir confiées à des Perſonnes incapables de les bien conduire.

Tout autre que M. POTHIER auroit donc craint de s'engager dans une eſpece de Juriſprudence étrangere au

Droit Romain , & qui n'eft gueres comprife dans ce qui conftitue le Droit François ; mais verfé dans toutes les matiéres du Barreau , & apportant , dans celle-ci , les connoiffances & la délicateffe qu'elle exige , il fe montra auffi bon Criminalifte que Magiftrat integre. Attentif fur la forme , clair-voyant fur le fond , il n'inftruifit, il ne jugea de Procès criminels , ni avec trop de lenteur , ni avec trop de pré-cipitation , ni avec trop d'indulgence , ni avec trop de féverité. Faifoit-il fubir des interrogatoires à ces mal-heureux , dévoués à la vengeance publique , il uniffoit , à une humanité compatiffante pour le Criminel , une fermeté inébranlable contre le crime ? Etoit-il obligé , par la force de la Juftice , de condamner quelquefois au dernier fupplice , on entrevoyoit, fur fon vifage & dans fa contenance , les fentimens naturels de fon ame , com-

battus par la néceſſité de ſon Miniſtere;
on eût dit que Brutus jugeoit ſes enfans.

Secondé par tous ſes Collegues dans
l'adminiſtration de la Juſtice , notre
digne Magiſtrat l'étoit encore dans ſes
Ouvrages. Tandis qu'il s'occupoit du
fond de la Juriſprudence , un Conſeiller très-verſé dans la forme , travail-
loit à éclaircir par de ſçavans Commentaires les Edits & les Ordonnances
rendus ſur l'Ordre judiciaire (*a*). Qu'il
eſt glorieux pour le Préſidial d'Orléans , d'avoir contribué par tant de
richeſſes & de ſecours aux progrès des
ſciences du Barreau , & à l'honneur de
la Magiſtrature !

Il y a dans le Châtelet une Chambre de Juſtice particuliere , qu'on ap-

---

(*a*) M. Jouffe , dont les Ouvrages ſont auſſi
connus que ceux de M. Pothier , & qui paroît les
avoir conduit à leur fin , ou du moins à leur perfection , par ſon ſçavant *Traité de l'Adminiſtration
de la Juſtice* , 2 vol. *in-4.* imprimé en 1771 , & qui
ſe trouve à Paris chez Debure pere.

pelle *Chambre du Domaine*. Là , se reçoivent les foi & hommages , se ré-
glent les devoirs & les droits dont les
Vassaux du Duché d'Orléans font te-
nus envers leur Prince. Les Officiers
qui ne l'occupent , cette Chambre , que
par Commission , font , comme on le
peut croire , ceux que S. A. S. juge
les plus versés dans les Loix féodales ;
Jurisprudence singuliere , dont on ne
trouve aucune trace chez les Romains ,
qui est venue en France avec les François mêmes , qui , suivant la foiblesse
ou la force du Gouvernement , a pro-
duit des maux ou des biens infinis , &
qui est enfin soumise à la Monarchie ;
Jurisprudence qui varie suivant les différentes Coutumes où elle s'est intro-
duite , & qui , se ressentant encore de
la barbarie de son origine , souffre bien
des difficultés. Mais , ce qu'on auroit
tort de penser , ces Commissaires ne
font pas choisis comme les mieux dif-

posés à favoriser les intérêts de leur Maître, & à leur accorder quelque préférence sur ceux de ses Sujets. Les Princes de la Maison d'Orléans, aussi grands par leurs sentimens que par leur auguste naissance, n'ont d'autres vues que de soutenir leurs droits légitimes sans vexer leurs Vassaux; ils se plaisent plutôt, nous l'éprouvons nous-mêmes, à répandre sur eux leurs graces & leurs bienfaits; un Magistrat aussi distingué que M. POTHIER, ne pouvoit échapper à la justesse de leur choix. Dans son Commentaire de la Coutume d'Orléans, il avoit donné au Titre des Fiefs une sçavante Introduction qui, sur ces connoissances en matiere féodale, fournissoit une preuve dont on l'auroit volontiers dispensé.

Si, au milieu des peines que lui donna cette Commission, il éprouva quelques désagrémens, ce ne fut jamais ni de la part du Prince, ni de celle de ſes Vaſſaux. Tous, même en n'obtenant pas ce qu'ils penſoient pouvoir obtenir, étoient aſſez ſatisfaits de ſon impartialité. Il n'y avoit gueres que les perſonnes prépoſées à la perception des droits Domaniaux qui fuſſent quelquefois mécontentes de ſes déciſions ; car il reſtreignoit l'étendue ordinaire de leurs prétentions aux bornes exactes de l'équité, &, dans tous les cas douteux, ce n'étoit jamais la cauſe du Fiſc qui lui paroiſſoit la meilleure. Cela ne faiſoit pas le compte des Receveurs & des Fermiers, auſſi, diſoient-ils en terme de Finance, qu'il étoit *intraitable* ; mais ce qui fait ici l'éloge du Prince & le ſien, eſt, ſans lui déplaire jamais, de leur avoir ſouvent déplu.

M. POTHIER avoit, ce ſemble, aſſez de charges & d'occupations pour avoir acquis le droit de refuſer celles qu'on auroit voulu lui donner encore,

ou du moins pour mériter qu'on mé-
nageât ſon zèle & ſes forces. Mais il
n'y avoit gueres de Corps où il pût être
admis , qui ne fût jaloux de partager
l'honneur & l'avantage de le poſſéder.
Il s'y prêtoit de lui-même par le principe où il étoit, que tout Membre de
la Société doit exercer à ſon tour, lorſqu'on l'en croit capable , ces Charges
publiques établies pour l'ordre & les
intérêts de la Société même. Il accepta
donc, ſans héſiter, la place d'Echevin ,
à laquelle , d'une voix unanime , &
par un cri général, la Ville d'Orléans
ſe fit gloire de le nommer.

Quoique les fonctions Municipales
ne ſoient plus auſſi étendues, ni auſſi
importantes qu'elles l'étoient dans ces
heureux temps, (*a*) où chaque Cité
avoit un Sénat de Sages qui étoit
formé par le choix de leurs Conci-

(*a*) Louis le Gros eſt le premier de nos Rois
qui ait accordé des Communes aux Villes.

toyens, en devenoit le juge naturel,
veilloit aux intérêts communs, répar-
tiffoit les impôts dans de juftes proportions, les levoit avec ménagement,
tenoit fur pied une Milice réglée pour
la défenfe des Habitans, &, quand il
étoit befoin, pour celle de l'Etat ;
néanmoins ces fonctions ont encore
aujourd'hui de quoi exercer le zèle &
les talens de ceux qui les rempliffent.
Faire une utile application des revenus patrimoniaux, maintenir l'ordre
& la fûreté d'une Ville, y procurer
de l'abondance & même des agré-
mens, travailler à fes commodités &
à fa décoration, étendre & faire fleu-
rir fon commerce, conferver fes Pri-
viléges, & lui ménager des protec-
tions, ce font les objets effentiels qui
doivent occuper un Corps Municipal ;
ce furent ceux au moins dont M.
POTHIER s'occupa pendant fon exercice, & conjointement avec fes Col-

legues ; il étoit trop bon Patriote pour
ne pas feconder leur efprit de Patrio-
tifme, efprit qui a toujours animé la
Ville d'Orléans, même un peu trop
dans ces événemens critiques, dans
ces temps orageux où l'on ne connoiffoit pas, comme aujourd'hui, les vrais
principes du Gouvernement, la grande
différence qui fe trouve entre une Monarchie & une République, entre la
liberté des François & celle des premiers Romains. Le fouvenir toujours
préfent des fervices qu'il rendit pour
lors à fa Patrie, de ceux de toutes efpeces qu'il n'a pas ceffé de lui rendre,
la gloire de l'avoir eu pour Citoyen,
& la douleur de l'avoir perdu, ont
porté la Ville d'Orléans à fe mettre
pour lui feul au deffus de fes ufages ; à
rendre à fa mémoire des honneurs
qu'elle n'a jamais rendus qu'à la Mai-
fon Royale & à celle d'Orléans ; à
l'égaler, en quelque maniere, aux per-

fonnes qui, par la majefté de leur
naiffance, font les plus chers à la Nation (*a*). Ces premiers effets d'une vive
reconnoiffance m'en font prévoir de
plus fenfibles pour la poftérité.

Dans ce moment où je parle, les
Orléanois célebrent avec pompe l'inau-
guration d'une Héroïne, qui conduite par une Main divine, plutôt que
par une politique humaine, & animée
d'un courage intrépide, vainquit, dif-
fipa les ennemis éternels de la France.
Si la gratitude de ces généreux Citoyens éleve aujourd'hui une Statue à
Jeanne d'Arc qui les a fauvés, je ne
doute point que cette même vertu n'éri-
ge un pareil monument à M. POTHIER,
qui les a fi bien fervi (*b*).

Pour toutes les affaires dont il ne

(*a*) La Ville d'Orléans a fait célébrer un Ser-
vice folemnel pour M. Pothier, le 19 Mars 1772.
(*b*) Elle a déja éclaté par cette Epitaphe de mar-
bre gravée en lettres d'or, que la Ville d'Orléans

devoit pas être le Juge, la confiance du Public & fon caractere obligeant, lui avoient établi dans fon cabinet un Tribunal particulier. Là , venoient le confulter toutes fortes de Cliens fur toutes fortes de queftions , dont on étoit affuré de ne pouvoir obtenir mieux que par fa bouche une parfaite folution. Il ne faifoit jamais aux per-

---

vient de lui faire dreffer au Grand Cimétiere , où il a été inhumé.

Híc jacet
ROBERTUS-JOSEPHUS POTHIER ;
Vir Juris peritiâ , æqui ftudio ,
Scriptis , confilioque ,
Animi candore , fimplicitate morum ;
Vitæ fanctitate
præclarus.
Civibus fingulis , probis omnibus ;
Studiofæ Juventuti ,
Ac maximè Pauperibus ,
Quorum gratiâ pauper ipfe vixit ;
Æternum fui defiderium
Reliquit ,
Anno reparatæ falutis 1772;
Ætatis verò fuæ 73.

Præfectus & Ædiles ,
Tàm Civitatis nomine quàm fuo ;
Pofuére.

fonnes préfentes de réponfe par écrit,
ne voulant point, difoit-il, priver de
leurs légitimes honoraires, ceux qui,
par état, doivent donner & écrire des
Confultations ; mais il répondoit exactement, & de fa main, à une multitude
de perfonnes qui lui écrivoient pour le
confulter, à toutes d'un ftyle fimple,
clair & laconique. Ses décifions, dont
il feroit à fouhaiter qu'on pût nous donner le Recueil, étoient confidérées comme ces axiomes qui portent avec eux
leur conviction, & qui, pour fe faire
admettre, n'ont befoin de preuves, ni
de longs raifonnemens. Enfin, il étoit
devenu l'oracle de l'Orléanois, des
Provinces voifines & même de la Capitale ; mais un oracle fûr, qui ne
s'exprimoit que pour la juftice ou la
vérité ; un oracle généreux, dont les
réponfes ne coûtoient rien à ceux qui
le confultoient, & qui fouvent four-
niffoit aux pauvres Confultans les

moyens, qu'ils n'avoient pas, de foutenir leurs droits ; un oracle toujours complaifant, qui ne fe refufoit jamais aux queftions qu'on venoit lui faire.

Si l'on exigeoit d'un Jurifconfulte, d'un Magiftrat, une converfation facile, brillante, ingénieufe, celle de M. POTHIER n'auroit peut-être pas fatisfait tous ceux qui avoient recours à fes lumieres. Mais ce n'étoit pas pour s'amufer, ni pour s'éblouir qu'on le confultoit. Des Cliens doivent chercher à s'inftruire, à fe convaincre, & fouvent à fe détromper. Lorfqu'on approchoit M. POTHIER, on ne trouvoit point en lui de ces hommes triftes, qui par leur feul afpect, repouffent, en quelque maniere, & plongent dans le filence ceux qui veulent s'énoncer ; de ces hommes durs, qui croiroient leur mérite compromis, s'ils fe mettoient de niveau avec ceux que la nature & l'étude n'ont pas favorifés

des mêmes talens, ni des mêmes lumieres; de ces hommes hauts, qui
aiment à faire plier fous le poids de
l'autorité qu'ils ont acquife, ceux qui
font dans la néceffité d'y avoir recours;
de ces hommes amateurs des richeffes,
qui ne font d'accueil qu'à ceux qui les
poffedent. Dans toutes les Places où
il fe trouvoit, fur le Tribunal, dans la
Chaire, dans le Cabinet, M. POTHIER
n'avoit de confidération que pour la
Juftice, fans ceffer d'avoir, pour tout
le monde, les égards convenables.
Ce que l'air de la retraite, & l'habitude de méditer auroient pu lui donner de fombre & de farouche, n'auroit
pas manqué d'être adouci par la fran-
chife & la candeur qui lui étoient
naturelles, & qui ne font pas toujours
l'apanage de la politeffe du grand
monde.

On étoit fi affuré de l'intégrité &
des connoiffances profondes de notre
Magiftrat,

Magiſtrat, que les Perſonnes les plus
entêtées de leurs prétentions, n'héſi-
toient point à les abandonner, ſur la
ſageſſe de ſes avis, & que les Plaideurs, qui ſe flattoient le plus de la
bonté de leur Cauſe, ſe condamnoient
eux-mêmes, lorſque par ſes Jugemens
ils étoient condamnés. On n'étoit gueres
tenté d'en appeller, que dans l'eſpérance
criminelle de trouver, en dernier reſ-
fort, des Juges moins éclairés, ou
moins integres que lui. Mais avec
quelle aſſurance & quelle intrépidité
on ſoutenoit ſes droits, lorſqu'il y
avoit mis le ſceau favorable de ſon
approbation ; à moins qu'on eût la
prudence de ſuivre le dernier avis,
qu'il donnoit toujours dans les meil-
leurs Cauſes, celui de les accommoder.
A combien de Familles n'a-t'il pas
procuré la paix ; à combien de Plaideurs n'a-t'il pas épargné les inquiétudes, les dépenſes & les démarches

H

qu'entraînent les Procès, en devenant, par le choix des Parties, leur Média-teur, ou leur Juge volontaire, fans qu'aucune eût fujet de fe plaindre, fi ce n'eft du refus qu'il faifoit de re-cevoir la moindre marque de recon-noiffance ?

Quand on confidére tous les Emplois dont M. POTHIER étoit revêtu, & l'exactitude avec laquelle il les rem-pliffoit ; tous les Ouvrages qu'il a compofés, & la perfection qu'il leur donnoit ; toutes les Confultations de vive voix & par écrit, que l'on ne ceffoit pas de lui demander, & la prompte attention avec laquelle il y répondoit ; on ne peut comprendre comment fa vie pouvoit y fuffire ; on feroit tenté de croire que le temps, qui eft fi court pour les autres, fe pro-longeoit en fa faveur. C'eft que les jours du Sage, ne fouffrant point de vuide, d'irrégularité, ni de diffipation, font affez longs pour tous fes devoirs ; c'eft qu'une conduite, guidée par une droiture & un zèle inaltérable, eft toujours conftante & uniforme ; en un mot, c'eft que ce Jurifconfulte profond, ce Magiftrat integre étoit, pardeffus tout, un Philofophe Chrétien.

TROISIÉME PARTIE.

A qui le nom de Philofophe peut-il mieux convenir qu'à un homme tel que M. POTHIER, qui ne s'occupoit que de fujets férieux, utiles & effentiels ; qui confacroit fes veilles, fes talens, même fes biens au fervice de l'humanité ; qui, par fes décifions, fçavoit prévenir ou terminer ces guerres domeftiques, dont les fuites tendent toujours à troubler la Société générale, en divifant les Sociétés particulieres ? Qu'on remonte à l'établiffement de la Jurifprudence, on la verra marcher de pair & de fociété avec la Philofophie. Tous les premiers Auteurs des Loix chez les différens Peuples, étoient des Philofophes ; & qu'on n'en foit pas furpris ? Il eft en nous un fentiment naturel qui nous fait regarder comme les plus capables de régler notre conduite, ceux d'entre les hommes que met à l'abri des paffions l'éminence de leurs vertus.

Ces deux Sciences ont auffi des objets communs, les Loix de la Nature, l'amour & la pratique de la juftice ; & fi la Philofophie embraffe particuliérement ces connoiffances abftraites de la Métaphyfique, ces fpéculations fublimes du calcul, des rapports & des proportions, la Jurifprudence en fait quelquefois ufage pour les appliquer à l'intelligence des Loix & à la certitude de fes décifions.

Du côté du génie & des forces de l'entendement, les Jurifconfultes profonds ne le cedent point aux meilleurs Philofophes. ,, Il y a telle queftion de

„ Droit, dit un Critique éclairé, dont
„ la difcuffion exige plus de fineffe &
„ de pénétration, plus d'étendue de
„ connoiffances & de vues, plus même
„ de cet efprit d'analyfe, que n'en de-
„ mandent peut - être les plus hautes
„ fpéculations (*a*) „ .

Mais ce n'eft pas feulement le titre
de Philofophe que je donne à M.
POTHIER, je craindrois de faire tomber dans une méprife & de ternir l'éclat
de fa gloire, à préfent que la Philofophie, cette Reine du Ciel, qui étoit
chez les Payens mêmes, comme elle
l'eft dans fa fignification, l'amour de
la fageffe, n'eft plus, ce femble, que
l'efclave de la terre & le délire de la
raifon. Qu'eft-elle, en effet, je ne dis
pas dans ces Écrits auffi légers que ba-
dins, où l'Auteur fe plaît à réalifer les
fictions qui l'amufent, à peindre les

(*a*) M. l'Abbé Aubert, *Journal des Beaux-Arts*
& des Sciences.

paffions qui l'agitent, à infpirer le li-
bertinage qu'il profeffe ; je dis dans ces
Livres plus férieux & plus folides en
apparence, qui, fuivant leurs titres,
traitent du Droit naturel, de la Morale
& des Mœurs ; qui préfentent de nouveaux plans d'éducation, de nouveaux
pactes de fociété, de nouvelles formes
de Gouvernement ? Qu'eft la Philofophie dans tous ces Ouvrages prétendus
philofophiques, qui font l'admiration
des efprits fuperficiels & les délices des
cœurs corrompus ? Une Philofophie or-
gueilleufe qui fe révolte contre tout
ce qui mortifie les fens & captive les
paffions ; qui, par des fophifmes fédui-
fans, s'étudie à répandre des nuages
fur les vérités les plus claires & les plus
effentielles, & qui, par fes faux raifonnemens, ne réuffit qu'à rendre le
cœur humain plus mauvais fans le rendre plus heureux ; une Philofophie def-
tructive qui, le bandeau fur les yeux

& le fer à la main, ébranle, renverfe,
détruit tout & n'édifie rien ; qui ofe
fonder des profondeurs, pénétrer des
myfteres, & qui finit par fe perdre elle-
même dans les ténebres épaiffes de fon
incrédulité ; une Philofophie impie,
qui ferme les oreilles aux oracles du
Ciel, à la voix de la Nature ; qui confond Dieu avec le monde, l'efprit avec
la matiere, l'homme avec la brute,
la vertu avec le vice. Qu'on ne s'y
trompe donc pas, l'erreur feroit trop
groffiere. La Philofophie de M. Po-
THIER étoit celle de ces hommes fages,
qui connoiffent en même-tems la di-
gnité de leur origine & les bornes de
leur intelligence ; qui, par un effort
fublime, élevent leur ame au deffus de
toutes les erreurs de la terre, pour ne
la rendre attentive qu'aux vérités du
Ciel ; qui fe courbent avec refpect fous
le joug auffi doux qu'honorable de la
Religion, en profeffent les dogmes &

en pratiquent les maximes ; qui ne trou‑
vent de vrai bonheur pour l'homme,
que dans l'exercice des vertus & dans
une parfaite soumiſſion aux Loix ; en
un mot, une Philoſophie chrétienne.
C'eſt celle-ci dont notre Héros a fait
porter l'empreinte à ſes Ouvrages &
à ſes actions.

Le Magiſtrat, qui ne peut juger des
choſes que par leur extérieur, qui ne
décide pas de la nature & de la va‑
lidité des Obligations & des Contrats
par les motifs ſecrets qui les ont fait
naître, mais ſur les apparences ſenſi‑
bles de leur conformité ou de leur op‑
poſition aux Loix établies, ne peut
toujours, dans ſes jugemens, avoir
égard au for de la conſcience.

Le Juriſconſulte, dont la juriſdic‑
tion eſt volontaire ſur ceux qui récla‑
ment ſes lumieres & ſes déciſions, ne
doit pas ſe borner à inſtruire les par‑
ties contractantes de la forme & des
regles

regles que les Loix Civiles exigent
pour donner de la force aux Contrats,
il doit encore mettre fous les yeux des
perfonnes qui fe lient par des engagemens mutuels ou particuliers, & leur
rendre fenfibles ces Loix naturelles
écrites au fond des cœurs, qui exigent
de tous ceux qui s'obligent, des motifs encore plus équitables, & une
exécution encore plus rigoureufe de
leurs obligations, qu'il n'eft poffible
aux Loix humaines de les prévoir &
de les prefcrire. Auffi M. POTHIER,
dans tous les fujets qui peuvent inté-
reffer la confcience, annonce qu'il les
traitera, & en effet il les traite *fui-*
vant les regles, tant du for de la conf-
cience, que du for extérieur. De cette
maniere, fes Ouvrages ne font pas feulement ceux d'un fçavant Jurifconfulte
qui a enrichi le Barreau de fes décou-
vertes, de fes réflexions & de fa méthode; ils font en même temps pour

I

tous ceux qui en veulent profiter le développement d'un cœur droit, les inftructions d'un Philofophe Chrétien, qui tire du fond inépuifable de fes vertus & des regles fûres de la Religion, tout ce qui peut balancer avec le plus de juftelfe les intérêts mutuels des hommes, & mettre le frein le plus noble à leur cupidité. Ceci fera plus fenfible par quelques exemples.

Dans la plupart des Contrats de Vente, & même de Louage, les Parties n'ont en vue que leurs avantages perfonnels. C'eft à qui des unes tâchera de furprendre les autres, de profiter des occafions, des befoins, de l'ignorance, de tous les moyens qui peuvent être favorables. Celui des Contractans qui réuffit le mieux par fes rufes & fes fineffes, s'applaudit de fes fuccès, & s'embarraffe peu que la bonne foi les défaprouve, fi la Loi Civile peut les lui affurer.

Veut-on ne pas fuivre le courant du
monde, prévenir les reproches de fa
confcience, & s'épargner des reftitutions défagréables qu'on n'a pas toujours le temps ni le pouvoir de faire,
quand on en auroit la volonté ? Veut-
on fçavoir jufqu'à quel point la bonne
foi engage les Vendeurs & les Acqué-
reurs, les Locateurs & les Locatai-
res; fi elle leur permet d'ufer de furprife, de menfonge, même de réti-
cence fur les objets de leurs Contrats;
fi elle les oblige dans le for de la confcience à ne rien diffimuler des circonftances intrinfeques, des défauts ca-
chés qu'il eft important de connoître,
à ne pas recevoir au-delà, ou ne pas
donner au-deffous du jufte prix ; que
l'on confulte les deux fçavans Traités
que M. POTHIER a donnés fur
cette matiere, & qu'on en fuive les
maximes, on n'aura jamais rien à fe
reprocher fur fes ventes, fur fes

acquifitions, ni fur fes locations ?

On y trouvera encore, dans ces Traités, quelque chofe de plus déli-cat, & dont fouvent la probité même ne fe douteroit pas. C'eft qu'une obli-gation jufte dans fon principe & dans fes motifs, peut ceffer de l'être dans fes effets & dans fon exécution. Par exem-ple, fi elle caufoit plus de dommage au Débiteur qui l'exécuteroit, que le Créancier n'en fouffriroit fi elle ne s'exécutoit pas, le premier ne peut en confcience ufer de tous fes droits, il n'a pour lors qu'une indemnité pro-portionnelle à prétendre. Qu'on ne s'imagine pas que ce foit un fcrupule de notre Philofophe Chrétien ; c'eft, dit-il, ce qui réfulte du précepte du Décalogue, qui nous oblige d'aimer notre Prochain comme nous - même. Ah ! dans la Pratique cette délicateffe eft auffi rare que cet amour.

Les différentes conftitutions de rente, toutes les efpeces de prêt à intérêt ont des rapports effentiels avec la Re- ligion, relativement aux profits que, par le moyen de ces Contrats, on peut tirer de l'argent que l'on aliéne ou que l'on prête. Il y a peu d'objets fur lef- quels la cupidité fe faffe plus facile- ment illufion, foit en s'appuyant fur des confeils qui jettent dans l'erreur, ou qui ne font pas capables d'en tirer, foit en fe permettant à elle - même, & fans remords, des conventions égale- ment réprouvées par les Loix divines & par les Loix humaines.

M. POTHIER, en approfondiffant une matiere auffi étendue, l'examine dans toutes fes parties, la difcute d'une maniere auffi fatisfaifante pour la Ju- rifprudence, que pour la Théologie, & ne hazarde rien qui ne foit conforme aux regles de l'une & de l'autre. Ces intérêts lucratifs qu'on appelle ufurai- res, il ne les confond pas avec ces

intérêts qui ne font que compenfatoi-
res. Il fait fentir l'injuftice qui régne
dans les premiers ; malgré tout l'art
qu'on emploie pour les déguifer ; & il
régle les feconds conformément aux
Ordonnances du Royaume, pour qu'ils
foient légitimes. Tantôt il combat avec
les armes que lui prêtent la Loi de
Dieu & celle du Prince, ces Livres
trop connus & trop bien fuivis, où des
Proteftans, des Catholiques même s'ef-
forcent de faire l'apologie des Contrats & des prêts ufuraires, fous pré-
texte d'aider les Commerçans, de fa-
vorifer le commerce, & de faire cir-
culer les efpeces : tantôt il anéantit ces
diftinctions fubtiles des différens ufages
dont l'argent eft fufceptible, les uns de
confomption, les autres d'accroiffe-
ment, des différentes qualités des Em-
prunteurs, dont ceux-ci font riches &
ceux-là font pauvres ; enfin, il montre
avec évidence que ces confidérations

font impoffibles dans la pratique, &
qu'elles n'ont, par elles-mêmes, aucune
folidité.

Il n'excepte pas de fa cenfure l'ufage
qui fembloit plus favorable, & qui s'é-
toit introduit de donner à intérêt les
deniers des Mineurs jufqu'à leur ma-
jorité ; il ne diffimule pas que cet abus,
autorifé dans fa Patrie, a été profcrit
par un Arrêt du 7 Septembre 1726,
qui fait défenfe au Prévôt d'Orléans
de faire de pareilles adjudications.

Pour ne rien laiffer échapper d'intéreffant, M. POTHIER difcute auffi
la nature & les différences de l'efcompte, efpece de prêt fort commun
chez ceux-mêmes qui, par état, ne
devroient pas s'en mêler. C'eft, comme
l'on fçait, la retenue que fait celui qui
paye le montant d'un billet avant fon
échéance, d'une partie de fon principal, pour tenir lieu de l'intérêt de la
fomme payée, depuis le jour de ce

payement anticipé jufqu'au terme où
elle eft véritablement payable. Si cette
rétention eft légitime dans le cas où
elle s'opére, à proportion de la perte
que cauferoit au Prêteur le payement
qu'il avance, ou du gain dont il fe
prive, cette même rétention eft illicite
lorfque l'anticipation du payement ne
caufe aucun dommage à celui qui le fait,
& ne le prive d'aucun profit. Mais qui
jugera de cette différence, fi ce n'eft la
voix intérieure d'une confcience délicate ? Ordinairement, celui qui fait
l'efcompte ne la confulte gueres, cette
voix, & croit toujours avoir raifon ;
celui qui le fouffre a toujours befoin,
& l'un s'enrichit à ruiner l'autre. Nous
avons, comme les Romains, quantité
de Loix contre l'ufure ; mais en France,
comme à Rome, l'avarice trouve le
fecret de les éluder.

L'égalité parfaite, qui doit régner
dans les Contrats Aléatoires, eft fou-

vent violée par l'un des Contraĉtans. Celui - ci ufe des moyens qu'il peut imaginer, pour faire tourner le fort en fa faveur, pour mettre au moins dans les événemens le moindre rifque qu'il puiffe courir; un autre veut s'appliquer les circonftances avantageufes que ce même fort amene quelquefois, fans qu'elles ayent été prévues, ni qu'elles foient entrées dans la convention. A ce fujet, M. POTHIER rapporte un ancien trait d'Hiftoire, qui prouve que, de tout temps, l'amour d'un gain illicite a féduit jufqu'aux hommes que leur état devroit en garantir.

» Des Pêcheurs de l'Ifle de Cos,
„ avoient vendu leur coup de filet;
„ l'efpérance d'une pêche eft un être
„ moral, fufceptible d'une vente,
„ parce qu'il eft appréciable. Les
„ Pêcheurs, au lieu de poiffon, ame-
„ nèrent un trépied d'or. Ce fut une

„ grande conteſtation entre les Ven-
„ deurs & les Acheteurs, pour ſçavoir
„ à qui il devoit appartenir. L'Oracle,
„ conſulté là-deſſus, adjugea le trépied
„ au plus Sage des Mortels, afin qu'au-
„ cune des Parties, n'oſant s'attribuer
„ cette qualité, le trépied reſtât aux
„ Prêtres. » Notre Philoſophe Chrétien, plus équitable que cet Oracle,
regarde l'objet conteſté, comme une
bonne fortune dont les Pêcheurs ſeuls
devoient profiter, parce que les Parties
contraƈtantes, n'y ayant pas penſé,
ne pouvoient le conſidérer comme
faiſant partie de leur convention.

Suivant toujours ces regles de l'équité
naturelle, il les applique à la matiere,
à la forme, & à l'exécution de tous
ces Contrats, dont l'eſſence, pour
qu'ils ſoient légitimes, eſt qu'il y ait
des riſques égaux à courir, ou que
l'une des Parties, qui n'y eſt point
expoſée, paye à l'autre le prix de

celui qu'elle court, & il en exclut, avec rigueur, tout ce que les artifices, les équivoques & les détours des contractans y mettroient d'illicite.

Cette convention faite entre deux Joueurs, par laquelle celui d'entre eux qui fera le perdant, donnera une certaine fomme à celui d'entre eux qui fera le gagnant, eft auffi de la claffe des Contrats intéreffés de part & d'autre, & en même-temps Aléatoires. La maniere neuve & intéreffante dont M. POTHIER traite ce fujet, quoique peut-être il n'ait jamais joué, m'engage à m'y arrêter un inftant.

Il feroit à fouhaiter que ceux qui jouent par intérêt, ou par habitude, ou même par défœuvrement, viffent, plus en détail, les conditions qui doivent être obfervées dans le Jeu, pour qu'il ne s'écarte pas des régles de la Juftice, & qu'ils confidéraffent les fins qu'il doit avoir, pour n'être pas, tout à la fois, contraire aux lumieres de la raifon, & aux préceptes du Chriftianifme; ce feroit peut-être le moyen d'arrêter les excès d'une paffion, à laquelle fe livre aujourd'hui la plus grande partie de la Société.

Il faut d'abord que chacun des Joueurs ait le droit de difpofer de la fomme qu'il joue. Ainfi un Enfant qui eft fous l'autorité de fa Famille, un Pupille fous celle de fon Tuteur, une Femme fous celle de fon Mari, ne peuvent valablement rifquer que les fommes qui leur ont été abandonnées pour leur plaifir. Ce qu'ils perdent au-delà, doit leur être reftitué, & ce qu'ils gagnent aux Perfonnes maîtreffes d'elles-mêmes, eft auffi fujet à reftitution, parce qu'il n'y a point de gain légitime où il n'y a point de part & d'autre égalité de rifque.

Il faut enfuite que chacun des Joueurs apporte au contrat que renferme le

jeu, un confentement parfait. Dès-lors
une partie liée avec un homme ivre,
avec une perfonne imbécille ou con-
trainte, eft une partie nulle. Tout ce qui
met obftacle à la liberté des Joueurs,
empêche également celle du contrat.

Il faut encore qu'il y ait égalité dans
la partie, lorfqu'elle n'eft pas de pur
hafard. Par conféquent, fi l'un des
Joueurs connoît l'ignorance ou la trop
grande foibleffe de l'autre, il ne doit
pas fe mefurer avec lui, encore moins
en retirer le fruit d'une victoire qui
ne lui a rien coûté ; autrement le jeu
feroit une donation que le plus foible
feroit au plus fort, & dans les contrats
réciproquement intéreffés, chacune
des Parties contractantes ne peut avoir
intention de donner à l'autre.

Il faut enfin que les Joueurs apportent
dans leur commerce toute la fidélité
requife. Ces coups-d'œil que l'on donne
fur le jeu de fon adverfaire, ces propos

que l'on tient pour lui donner le change,
ces furprifes dans lefquelles on le fait
tomber, mettent le Gagnant dans la
néceffité de la reftitution, & n'auto-
rifent pas le Perdant, qui s'apperçoit
de ces tromperies, à en faire de pareilles : une infidélité ne peut en excufer une autre.

Toutes ces regles d'équité obfervées,
le jeu eft permis fi fes fins font honnêtes,
s'il eft défintéreffé, ou fi modique,
qu'il ne puiffe être compté pour un
intérêt ; s'il n'eft recherché que pour
procurer à l'efprit le délaffement dont
il a befoin.

Même, toutes ces regles obfervées,
le jeu eft défendu toujours par la Loi
divine, fouvent par la Loi humaine, lorfqu'il n'a pas des fins honnêtes, lorfqu'il devient une occupation
habituelle pour paffer le temps & éviter
l'ennui. Les perfonnes défœuvrées,
dont l'efprit ne s'attache à rien, font

elles dans le cas de lui donner du re-
lâche ? L'oifiveté à laquelle elles fe
livrent, eft auffi contraire aux Loix de
la Nature qu'à celles de la Religion. Le
jeu eft encore plus blâmable lorfqu'il
eft trop intéreffé, lorfqu'on court rifque de gagner ou de perdre une fomme
confidérable, d'incommoder les autres
& de fe gêner foi-même : c'eft un defir
déréglé de vouloir s'enrichir des dé-
pouilles de celui contre lequel on joue,
& ce defir conduit fouvent à de plus
grands excès. Tout Joueur qui ne fe
contient pas dans les bornes d'une honnête modération, feroit au moins al-
larmé, s'il n'étoit pas convaincu des
fautes & des reftitutions dont ce petit
Traité du Jeu chargeroit fa confcience.

Voilà comme M. POTHIER, dans
tous fes Ouvrages & dans toutes les
occafions qu'ils lui fourniffent, rap-
pelle les hommes aux Loix de la Nature, antérieures aux Loix humaines;

leur met fous les yeux les Loix du Chriſtianiſme, confirmatives de celles de la Nature, & leur montre les unes & les autres comme le modèle ſur lequel ils doivent régler toutes leurs conventions.

Ces moyens artificieux dont on uſe, pour couvrir à ſoi-même & aux autres les traces de l'injuſtice, » ſont, dit » notre Philoſophe Chrétien, une pure » illuſion de la cupidité, qui peut » tromper les hommes, mais qui ne » peut tromper Dieu qui ſonde le fond » des cœurs, & qui ne juge pas des » volontés par ce que vous vous êtes » fauſſement imaginé de vouloir, mais » par ce que vous avez réellement voulu » au fond de votre cœur » (a).

Il s'en faut beaucoup que tous les Caſuiſtes, même de profeſſion, aient

_____

(a) *Voyez* ſur les Regles de la bonne foi, entr'autres le Contrat de Vente, tom. I. p. 239, juſqu'à 244.

une

une morale auffi pure, auffi févere, auffi fainte. Combien n'en connoiffons-nous pas qui, par les diftinctions fub-tiles, les reftrictions mentales, les rufes adroites qu'ils emploient, pour fauver les apparences & calmer les reproches fecrets d'une confcience allarmée, al-terent les principes naturels, corrom-pent la Religion jufques dans fa fource, & ne laiffent pas aux Chrétiens, qu'ils féduifent même, ces vertus morales dont les Philofophes & les Jurifcon-fultes Payens faifoient la bafe de leurs préceptes & de leurs décifions !

J'ai d'abord engagé tous ceux qui afpirent à la Magiftrature & aux fonc-tions du Barreau, à s'inftruire dans les Ouvrages de M. POTHIER, qui leur femblent particuliérement deftinés; j'ex-horte à préfent les Théologiens, les Ecclésiaftiques, qui defirent s'éclairer fur les queftions douteufes qu'on leur préfente, à confulter ces mêmes Ou-

K

vrages; ils y trouveront un guide sûr
pour se décider dans la fonction la plus
essentielle & la plus délicate de leur
Ministere.

La plupart des Auteurs, même les
plus épurés, connoissent mieux les
beautés de la vertu qu'ils n'en suivent
les regles; & si dans leurs Écrits ils
en donnent d'excellentes leçons, rare-
ment dans leur conduite ils en fournissent de bons exemples. M. POTHIER,
qui en possédoit la théorie dans toute
sa pureté, en observoit la pratique dans
toute sa perfection, c'est-à-dire, dans
celle où la foiblesse humaine, secourue
de la Grace, est capable de parvenir.
Je ne le suivrai point dans le détail
d'une vie qui faisoit l'admiration de
tous ceux qui la connoissoient; en es-
sayant de la rendre d'après nature, je
craindrois que l'on me reprochât d'af-
foiblir mon modèle, plutôt que de le
flatter; je ne m'arrêterai qu'à ses vertus

principales, qui étoient le principe de toutes les autres, fa piété, fa modeftie & fa bienfaifance.

Quoique dans le monde, chacun joigne à la Religion fes affections particulieres, & fouvent de peu convenables à fa fainteté, notre Philofophe Chrétien, qui l'avoit puifée dans fes véritables fources, en écartoit tout ce que l'efprit de l'homme y a mis de profane, de fuperftitieux & de petit; il s'en tenoit à ce que l'efprit de Dieu y a imprimé de faint, de vrai & de fublime. Parfaitement foumis aux Décifions de l'Eglife, & plein de refpect pour l'augufte caractere de fes Miniftres, il relevoit avec force ces maximes dangereufes, ces opinions erronées, auxquelles l'ambition & le relâchement de quelques Miniftres mêmes voudroient donner les caracteres de la Foi & la force de l'autorité : Citoyen excellent, il difoit dans fes Ouvrages,

K ij

& répétoit dans fes difcours, que tout Sujet, fans fe plaindre, ni murmurer, étoit obligé, dans le for de la conf- cience, d'obéir aux Loix, de fe fou- mettre aux volontés de fon Prince, en tout ce qu'elles n'ont point de con- traires aux ordres de fon Dieu. Senfible aux dernieres-révolutions de la Magif- trature, il ne le paroiffoit que pour dire : *Le Roi eft le Mandant, & les Magiftrats ne font que fes Mandataires.*

Profeffant les Dogmes avec con- noiffance de caufe & par conviction, il fe livroit aux exercices effentiels du Culte, fans affectation & par amour; & fur tout le temps qu'il facrifioit au fervice du Public, il réfervoit les heures confacrées à celui du Seigneur. Pour le refte, il penfoit que s'occu- per utilement, étoit prier. La Théo- logie, que fon état lui rendoit né- ceffaire, il ne l'avoit pas puifée dans cette Scholaftique fubtile & pointil-

leufe, qui obfcurcit & dégrade la Religion plutôt qu'elle ne l'éclaire &
ne la foutient; mais il l'avoit formée,
cette Théologie, fur l'Ecriture Sainte,
les Ecrits des Peres, & les Décifions
des Conciles, fur les Monumens pré-
cieux de nos Libertés, & nos meilleurs
Canoniftes; tous ces Livres lui étoient
auffi familiers, que ceux des Jurifconfultes Romains. Sa Morale étoit févere,
&, ce qui eft bien rare, elle l'étoit
encore plus pour lui-même que pour
les autres. Il ne feroit pas étonnant
que les Partifans de la Morale relâ-
chée, vouluffent flétrir la fienne de
ces erreurs chimériques, dont ils ac-
cufent ceux qui ne leur reffemblent
pas.

Se voir recherché & confulté par
des Perfonnes de tous états & de toutes
conditions; s'entendre citer dans tous
les Tribunaux comme une Autorité
ancienne & refpeftable; jouir pendant

fa vie de la réputation la plus étendue
& la plus folide ; au milieu de tant
de gloire, être toujours modefte, c'eft
un effort dont il femble que l'amour-
propre, naturel à tous les hommes,
ne foit pas capable : ce ne peut être
qu'un miracle de la Grace. Elle avoit,
fans doute, operé fes effets fur notre
Philofophe Chrétien, puifque, dans
toutes les occafions il montroit une
modeftie qu'on ne peut comparer qu'à
l'humilité Chrétienne ; la Philofophie
humaine, qui eft fouvent une orgueil-
leufe, n'auroit jamais pu lui en infpirer
une pareille. De tous ceux qui connoiffoient l'éminence de fon mérite, il
étoit le feul qui n'en voulût pas convenir, & il étoit tout étonné qu'on
le crût fçavant ; bien différent, en
cela, du fameux Dumoulin, auquel
il reffembloit d'ailleurs par l'étendue
des connoiffances, & qui, enthoufiafmé
des fiennes, difoit hautement : *Je fçais*

tout, & personne ne peut rien m'apprendre (a). Il ne sçavoit pas tout,
puisqu'il ignoroit jusqu'aux dehors de
la modestie. Sans manquer à cette
vertu, M. POTHIER auroit pu avoir
de lui - même cette idée si flatteuse :
Je n'ai pas vécu inutile à ma Patrie.

Il se l'imaginoit si peu, que de son
propre mouvement il n'auroit jamais
mis au jour aucun de ses Ouvrages.
Pour le déterminer à les faire sortir
de son Cabinet, il n'a pas moins fallu
que les sollicitations des sçavans Ma-
gistrats qui en connoissoient l'impor-
tance, que les prieres de ses Amis &
de ses Eleves, qui desiroient en jouir
avec le Public, que la crainte de voir
ses Leçons imprimées à son insçu, &
dans le premier état où elles étoient
sorties de sa plume, que le scrupule

_____

(a) *Ego qui nemini cedo, & à nemine doceri possum.*
Ce sont les termes que sa vanité employoit, &
que l'on trouve dans plusieurs de ses Conseils.

de priver la Société des avantages
qu'elle pourroit en-tirer, fuivant les
affurances qu'on lui en donnoit. Ce
dernier motif faifoit fur lui plus d'im-
preffion que n'en auroit fait, fur tout
autre, celui de la gloire ou de l'intérêt. » Dieu, comme il en convenoit,
» ayant établi, entre les hommes, une
» Société civile, tous les hommes doi-
» vent, chacun fuivant fes talens &
» fon goût, s'occuper à quelque chofe
» qui foit utile au bien de cette So-
» ciété (a).

Il s'occupoit donc de tout fon pouvoir; &, pour me fervir des termes
de fon Art, il avoit formé avec le
Public, non un Contrat intéreffé de
part & d'autre; pas feulement un de
ces Contrats de Bienfaifance, qui, ne
fe faifant que pour l'une des Parties
contractantes, ne font que le prêt

_____

(a) Traité des Contrats Aléatoires, p. 306.

gratuit

gratuit d'une chofe, à condition de la rendre; mais le principal de ces Contrats, & le plus généreux, celui de Donation.

J'ai déja rapporté quelques traits de fa bienfaifance gratuite, & ils feroient peut-être fuffifans pour mériter à d'autres la gloire de cette vertu. En effet, facrifier les émolumens de fa Chaire à faire naître l'émulation parmi les Etudians; régler les droits & les prétentions que les perfonnes d'une même famille pourroient fe difputer; prévenir ou accommoder des Procès; donner à tout le monde des avis prudens, des confultations décifives, & tout cela fans le moindre intérêt; c'eft beaucoup faire pour le fervice de la Société, mais ce n'étoit pas faire affez pour M. POTHIER. Une pareille bienfaifance n'auroit été que celle du Philofophe; il y joignoit celle du Chrétien, qui eft bien plus étendue, &

L

qui , fuivant le précepte de l'Evan‍
gile , confifte à ne réferver fur fes
biens , que le néceffaire pour foi‍-
même , & à répandre le refte dans le
fein des pauvres & des malheureux.
Il jouiffoit d'une fortune honnête, qu'il
tenoit légitimement de fes peres , peut‍-
être trop confidérable pour un Sage ,
mais trop bornée pour un homme auffi
charitable que lui. Auffi fimple dans
fes mœurs que dans fes dehors , il re‍-
traçoit tout ce que l'Hiftoire nous rap‍-
porte des premiers Magiftrats de la
République Romaine ; il ignoroit le
luxe & les befoins qu'il fait naître ; il
ne fe livroit point à ces plaifirs tumul‍-
tueux , ni aux dépenfes qu'ils entraî‍-
nent ; il n'avoit aucune ambition , ni
les inquiétudes qu'elles caufent. Me‍-
nant une vie frugale & uniforme , il
trouvoit dans fon fuperflu de quoi fa‍-
tisfaire fon inclination bienfaifante ;
auffi donnoit - il fouvent , donnoit - il

beaucoup , fans croire jamais avoir
affez donné. Combien de pauvres Etudians , dont il connoiſſoit les bonnes diſpoſitions, n'a-t'il pas avancés dans leurs
études ? Combien d'honnêtes familles
n'a-t'il pas foulagées dans leurs pertes ?
Combien de perſonnes fans moyens &
fans appui , dont il a foutenu , à fes dé-
pens , les droits légitimes que la force
ou la protection leur auroit enlevés ?
Compatiſſant aux malheurs des Particuliers , il ne l'étoit pas moins à ceux
qui affligeoient le Public. Je l'ai vu
l'année derniere auſſi touché des nô-
tres (*a*), que je pouvois l'être moi-

_____

(*a*) Dans la nuit du 26 au 27 Novembre 1771 ,
la riviere de Saudre eſt preſque tout-à-coup montée
dix pieds au-deſſus de ſon niveau ordinaire; elle a
ſubmergé toute la partie de la Ville de Romorantin qui eſt du côté du midi , rompu les Ponts de
pierre qui avoient été conſtruits vers 1450 , ſous
Jean , Comte d'Angoulême & de cette Ville ; détruit ou fort endommagé les Moulins & pluſieurs
maiſons ; fait périr quelques Habitans qui n'ont pas
eu le tems ou la force de ſe ſauver ; en un mot ,
elle a cauſé tous les ravages dont eſt capable une

même, & fa fenfibilité ne fut pas flé-
rile pour nos pauvres Citoyens. Il
contribua plus à leur foulagement,

---

inondation auffi inouie & auffi fubite, & dont cette
Ville fe reffentira long-tems.

Quoique l'Automne précédente eût été pluvieufe,
& qu'il eût plu confidérablement & fans difconti-
nuation, les 25 & 26 Novembre, je ne penfe pas
que cette inondation ait eu pour caufe cette feule
abondance d'eau. J'ai fait des obfervations qui me
déterminent à croire qu'il y a eu en même tems
une commotion, ou plutôt une compreffion dans le
Globe terreftre, depuis la Méditerranée jufqu'à
l'Océan, & heureufement fous une Zone fort
étroite ; car fi ce mouvement eût paffé fous la Loire
& le Cher, tous les Pays qu'ils arrofent auroient
été détruits. Les Nouvelles publiques m'ont confir-
mé dans cette opinion, en annonçant les endroits
où une pareille inondation eft arrivée prefqu'au
même tems. J'étois pour lors à deux lieues de
Romorantin, dans un Château où j'étois retenu,
& où je ne dormois pas ; je fentis ce mouvement
intérieur qui eft ordinaire en de femblables révolutions ; je vis l'air tout enflammé, comme des
vagues de feu rouler fur la terre, l'eau des étangs,
dont j'étois voifin, fe foulever jufques dans leur
milieu, plus de dix pieds au-deffus de leur niveau,
des fources jaillir où il n'y en avoit jamais eu ;
l'eau de plufieurs puits, qui étoit fur le foir à plus
de dix pieds de profondeur, s'élever tout-à-coup &
déborder. Les chemins que j'avois trouvés le 24
fort mauvais, couverts d'eau & de boue, étoient
le 27 au matin auffi fermes & auffi fecs que dans
l'été, fauf les bas-fonds où les eaux s'étoient épan-

que bien d'autres autant & plus riches que lui ; il mit le comble à fa
libéralité par fes regrets finceres de
ne pouvoir la rendre plus confidérable. Que ne m'eft-il poffible de mettre au jour ce nombre infini de bonnes œuvres qu'il renfermoit dans le
filence, qu'il fe cachoit à lui-même, &
qui ne font écrites que dans le Livre de
Vie !

On ne peut être fi bienfaifant fans
être beaucoup défintéreffé ; auffi, de
tous fes Ouvrages qui étoient fi pro-
fitables aux autres, M. POTHIER ne
retiroit aucun profit, fi ce n'eft l'efpérance que fes Libraires, comme il
le leur recommandoit, les vendroient
moins cher. Quelques-uns de fes Re-

chées. D'autres perfonnes que moi ont fait les
mêmes obfervations : dans ce tems, la terre, pleine
d'eau, fut comprimée, & la rendit comme une
éponge. Cette remarque paroîtra fans doute étrangere à mon fujet ; qu'on me la pardonne en faveur de ce qu'elle ne l'eft pas à mes fentimens.

devables venoient-ils lui expofer leurs
pertes ou leurs embarras, il ne leur
accordoit pas feulement du terme, malgré le befoin où il étoit quelquefois de
ne leur en pas donner, il leur faifoit
encore des remifes lorfqu'il avoit fujet de croire qu'un payement total
les auroit trop gêné. Il penfoit que
dans le for de la confcience il n'eft
pas toujours permis à un Créancier
d'ufer des droits que les Loix lui donnent contre fon Débiteur. Il peut fe
faire qu'il ait été trompé fur les circonftances qui le déterminoient ; car
fa bonne foi alloit fouvent jufqu'à
croire que les autres n'en manquoient
pas.

Dans fon Traité du Contrat de
Louage, il agite cette queftion : » Lorf-
» qu'un Fermier a été privé par une
» force majeure de pouvoir recueillir
» les fruits de quelque année de fon
» bail, doit-il avoir remife du prix de

» fa Ferme ,, (a) ? Notre Jurifconfulte
ne juge pas qu'il doive la demander,
s'il y a compenfation à cette perte par
des années d'abondance qui ont précédé ou fuivi des années de défaftre ;
& il releve à ce fujet, comme il lui
arrive en bien d'autres oceafions, l'Auteur fouvent peu fûr des Conférences
de Paris. Cependant, toute judicieufe
que foit la décifion de M. POTHIER,
il lui eft arrivé, fe confiant au rapport de fes Fermiers fur leurs pertes,
& ne calculant par leur gain, de leur
remettre en même temps fon argent &
fa quittance. Ces gens-là doivent bien
craindre de ne pas retrouver un pareil
Maître. Ce qu'il décidoit dans la théorie pour l'intérêt des autres, il n'héfi-
toit point à le tempérer pour lui-même
dans la pratique, en fe livrant à la Loi
de charité qui le dominoit, & qui ré-

_____

(a) Pag. 144 & fuiv.

L iv

clamoit toujours au fond de son ame en faveur des malheureux.

La seule dépense un peu considérable qu'il accordoit à son goût & à son état, étoit celle de son Cabinet ; encore cette dépense tournoit - elle au profit du Public, puisque pendant sa vie elle lui fournissoit les moyens de le mieux servir, & qu'il a voulu qu'après sa mort ses Livres servissent de supplément à ceux qui ne se trouvent pas dans la Bibliotheque publique des Bénédictins.

On juge aisément qu'après des actions aussi bienfaisantes, la fortune qu'il a laissée n'est point de celles que la conscience puisse reprocher, & que, s'il en a disposé d'une partie par son Testament, les volontés d'un pareil Jurisconsulte & d'un pareil Chrétien, sont les dispositions mêmes des Loix & de la Religion.

Le Mariage, que M. POTHIER re-

gardoit dans l'ordre civil comme le
plus ancien & le plus excellent de
tous les Contrats ; cette union légitime de l'homme & de la femme dont
il ne mettoit point l'effence dans l'u-
nion de leurs corps, mais dans celle
de leurs efprits & de leurs volontés (*a*), n'a jamais été l'objet de fes
vues, ni peut-être de fes defirs. Je ne
doute point que le confidérant, comme
il l'eft en effet, un remede contre les
trop grandes difficultés de la conti-
nence, il n'en eût ufé par fcrupule, fi
fa vertu, plutôt que fon tempérament,
ne lui eût pas affuré qu'il lui étoit
inutile.

Le célibat qu'avoit embraffé ce
Philofophe Chrétien, étoit le feul
que la fageffe puiffe fe permettre afin
d'être plus utile à la religion, ou à
la fociété. Tout autre qui n'a pas
ces motifs, eft un état honteux con-

_____

(*a*) Traité du Contrat de Mariage, Art. prélim.
& Chap. I, n. 4 & 5.

tre lequel les Loix humaines, de concert avec les Loix divines, devroient s'élever dans un siécle où il est si commun. La plúpart ne le choisissent qu'à cause des besoins de l'opinion, par la crainte de l'indigence, & pour être plus libres de se livrer aux déréglemens de leurs passions ; opposant les intérêts de l'homme aux devoirs du Citoyen ; ils ne font rien dans la Société dont ils sont Membres, que d'y introduire la corruption de leurs mœurs, & le scandale de leurs désordres.

Si la nature, ou plutôt son inclination, dirigée par la vertu, avoit refusé à M. POTHIER le doux nom de pere, il en avoit transporté la tendresse, comme Professeur, à ses Ecoliers ; comme Magistrat, à ses Cliens ; comme Chrétien, aux malheureux : les dépenses qu'il faisoit pour eux tous, lui tenoient lieu de celles que le luxe prodigue pour des satisfactions toujours vaines & souvent criminelles, qui font aujourd'hui prefque un titre de diſtinction.

Il ne faut pas croire cependant qu'au milieu d'occupations ſi ſérieuſes, & d'exercices ſi vertueux, M. POTHIER reſtât triſtement renfermé dans lui-même; que ſon caractere eût rien de dur & de ſauvage, ni qu'il fût ennemi de ces délaſſemens néceſſaires à ranimer les reſſorts de l'eſprit qu'épuiſe la continuité du travail. Sans être ni trop triſte, ni trop gai, il ſçavoit ſe ménager avec les perſonnes de ſon goût, & même avec celles qui ſe préſentoient, des promenades & des converſations amuſantes, quoiqu'elles fuſſent toujours inſtructives par l'érudition qu'il y ſemoit, & par la juſte application qu'il y faiſoit de ces traits heureux des anciens Poëtes, qui ſont toujours les délices des gens d'eſprit. Les ſeules occaſions où il ſortoit de cette égalité d'humeur qui lui étoit naturelle, & où il montroit de la

vivacité, étoient lorfqu'on le contre-
difoit fur des points dont il avoit acquis la certitude ; mais c'étoit moins
pour fon intérêt, que pour celui de la
vérité ou de la juftice dont il fe déclaroit
toujours le zélé défenfeur. Les Vacances
étoient-elles ouvertes, il quittoit ordinairement la Ville pour aller refpi-
rer l'air falutaire de la Campagne ;
mais, comme on penfe bien, pour n'y
pas être oifif, ni inutile. S'il ne donnoit
plus de Leçons, il méditoit celles
qu'il devoit faire ; s'il ne compofoit
pas de nouveaux Ouvrages, il corri-
geoit ceux qu'il devoit faire paroître.
S'il ne jugeoit plus, il concilioit les
Parties qui imploroient fa médiation ;
il étoit toujours acceffible à ceux qui
venoient le confulter, & comme fa
réputation le fuivoit par-tout, il ne ceffoit au Luz (a) d'être l'Oracle d'Orléans,
que pour devenir celui du Dunois.

_____

(a) Cette Terre que M. POTHIER avoit auprès
de Châteaudun, il l'a léguée par fon teftament,

Perſonne n'a peut-être joui pendant
ſa vie d'une plus grande conſidéra-
tion, ni reçu des témoignages plus
ſenſibles d'amour & de reſpeȼt. Lorſqu'il paroiſſoit en public, & il ne
s'y montroit gueres que dans les lieux
où l'appelloit ſon devoir, on s'empreſ-
ſoit de l'approcher; les Etrangers, pour
le connoître & avoir la ſatisfaȼtion
de dire, revenus chez eux, je l'ai vu;
les Citoyens, pour le voir encore.
Etoit-il malade, c'étoit une alarme
générale? Etoit-il rétabli, c'étoient des
vœux ardens pour ſa conſervation?

Soutenu par tant de vertus, mais
épuiſé par tant de travaux, moins
accablé par les infirmités de l'âge
qu'atténué par les foibleſſes de ſon
tempérament, M POTHIER tomba

---

moyennant une ſomme réverſible à ſa ſucceſſion,
& fort inférieure au prix réel de cette Terre.
On prétend que cette généroſité a eu pour motif
une délicateſſe de conſcience, dont il étoit bien
ſuſceptible, mais qui, je crois, ne ſera gueres imi-
tée par des Teſtateurs.

tout-à-coup dans un état auquel il
s'étoit trop long-temps préparé pour
qu'il le craignît, mais que doivent
craindre tous ceux qui ne s'y prépa-
rent pas. Le dernier moment de fa
connoiſſance a été celui de l'hommage
qu'il venoit de rendre à ſon Dieu,
& le premier de ſa maladie. Sa mort
n'a été pour lui que douce & paiſible ;
mais quoiqu'arrivée dans un âge avan-
cé, elle a été en quelque façon pré-
maturée par rapport aux deſirs & aux
beſoins de toute la Province, je puis
dire de toute la France. Les regrets
univerſels qu'elle a cauſés, achevent
mieux que je n'ai pu l'entreprendre
l'éloge de ce grand Homme. Nous ne
le perdons pas tout entier ; il nous
reſte la plus belle partie de lui-même,
ſes Ouvrages & ſes Exemples.

F I N.

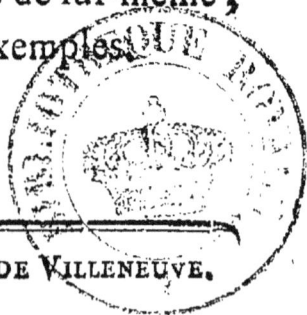

De l'Imprimerie de COURET DE VILLENEUVE.

www.ingramcontent.com/pod-product-compliance
Lightning Source LLC
Chambersburg PA
CBHW071813090426
42737CB00012B/2068